Bortom förnekelsens dimmor

EVA DILLNER

Eva Dillners böcker

på engelska
Z 2 A (2011)
Meandering Mind (2010)
- 1st edition The Pathfinder Process (2005)
Secrets of Transformation (2008)
- 1st edition The Naked Truth (2003)
God put a Dream in my Heart (2003)

på svenska
Konstriket (2014)
Våga Leva (2006) nytt omslag 2014
Livs Levande Eva (2006)

Almanackor
Eva Dillners konstkalender 2015 - abstrakt expressionism
Eva Dillner 2014 Art Calendar
Eva Dillner 2013 Art Calendar
Z 2 A 2012 Art Calendar
Mystical Art 2011 Calendar
Healing Art 2010 Calendar
Art of Now 2009 Calendar

Omslagsbild
Awakening/Uppvaknandet C399 130x130cm ©2016 Eva Dillner

Inbunden mjukband (Perfect Bound)
ISBN-13: 978-91-980387-1-2

Förlag DIVINE DESIGN
www.evadillner.com

Bortom förnekelsens dimmor

EVA DILLNER

DIVINE DESIGN
www.evadillner.com

Kapitel

Ett misslyckat experiment

Med facit i hand kan vi konstatera att det mångkulturella samhället inte var någon bra idé. Det är lätt att vara efterklok. Men att tro att man kan importera all världens konflikter och kulturer utan att det skulle påverka oss svenskar är väl naivt. Se bara hur det gick för indianerna i Nordamerika. Svenskarna kan gå samma öde till mötes om vi fortsätter på den inslagna vägen. Migrationsströmmen in i Sverige, innan den stora vågen 2015, var redan större i proportion än den till Nordamerika.

En relativt liten skara har drivit utvecklingen ända in i kaklet. Sju politiska partier och etablerad media har alla medverkat till en gränslös invandring där Sverige agerar hela världens socialbyrå. Kostnaderna för migrationen och asylindustrin skjuter i höjden medan samhällskontraktet krackelerar. Statistik mörkas. Migranterna älskar bankomaten Sverige. Alltför många vill inte bli en del av det svenska samhället. De kommer inte ge sig förrän vårt land ser ut som deras hemländer. Vi har sju partier som ivrigt hejar på.

Men mitt i allt elände har fler ur den tysta majoriteten vaknat. Jag har aldrig tidigare träffat på så många människor som läst på. Tröskat sig igenom digra böcker, följer bloggar och analytiker, diskuterar sinsemellan. Valet 2018 lär bli spännande, ett vägskäl för nationen Sverige. En första chans att rikta om kursen för vårt vikingaskepp.

Att partierna som skapat kaoset skulle klara av att lösa problemen finns inte på kartan. Opinionen jämfört med för fyra år sedan är som en jordbävning. Folk har läst på som aldrig förr. Det finns bara tre partier som på allvar vill prata lösningar. SD Sverigedemokraterna, MED Medborgerlig Samling och AfS Alternativ för Sverige. SD med mål i sikte revade seglen, ändrade kurs och bytte ut halva besättningen. Som jag ser det är SD nya S, MED nya M och AfS nya SD.

Både MED och AfS har möjlighet att komma in i riksdagen redan 2018. Vi lever i spännande tider. Det skulle gynna SD med fler partier som pratar sakpolitik, som också har målet att ta itu med och lösa problemen. Inte bara släta över och pytsa ut fler bidrag. Åkesson skulle slippa stå där allena mot sjuklövern. Tänk er Sadé[1], Kasselstrand[2] och Åkesson i TV-studion mot Kristersson och Löfven. Det skulle bli helt andra debatter. Helt andra resultat. Underskatta inte den tysta majoriteten. Som inte syns i sociala medier. Som aldrig skulle berätta hur de röstar.[3]

Vi har en uppsjö av böcker, bloggar och texter som beskriver problemen. Vad jag vill fokusera på i denna bok är lösningar. Vad gör vi nu? Kort och koncist. Jag är varken först eller mest bevandrad i hur man konkret bör gå tillväga. Egentligen handlar boken om att jag för egen del skapar klarhet i mina egna tankar. Som också kan vara till stor hjälp för alla andra som läst på och förstått. Hur tar vi oss ur det här? Vad måste till för att få ordning på torpet?

---

1 Ilan Sadé är partiledare för Medborgerlig Samling https://www.medborgerligsamling.se

2 Gustav Kasselstrand är partiledare för Alternativ för Sverige https://alternativforsverige.se

3 På korrekt svenska: Det skulle bli helt andra debatter, med helt andra resultat. Underskatta inte den tysta majoriteten, som inte syns i sociala medier och som aldrig skulle berätta hur de röstar.

Egen kraft eller beroende

En genomgående tråd i bokens ämnen är skillnaden mellan att hjälpa människor att lyfta sig själva eller att se dem som offer som behöver tas om hand. Sverige som helhet har ett enormt problem med självutplånande beteende. Det ligger till och med i horoskopet för landet Sverige. Efter Donald Trumps uttalande om *Last night in Sweden* gjorde astrologen Marina analysen *Sweden 2017 ~ Persephone Syndrome*[4]. Symboliskt representerar Persephone någon som fullständigt undertrycker sin egen personlighet eller sina egna behov, oftast i ett missriktat försök att hjälpa någon annan. En av mina vänner kallar det dörrmattebeteende, där det står skrivet i pannan "doormat, wipe here"[5] och som vanligt är det svårt att hitta ett passande uttryck på svenska.

När jag flyttade hem till Sverige för tjugo år sen, efter trettiotvå år utomlands, slog det mig hur undfallande svensken blivit. Man hade vant sig vid att någon annan alltid visste bäst och bestämde. Man saknade helt den egna gnistan att göra något åt sin situation. Utbrända väntade på att Försäkringskassan skulle agera. Många uttryckte en önskan att bli sjukpensionärer. Det fanns undantag, men alltför många visade en passivitet som både förundrade och skrämde mig.

Vad hade hänt med den starka och stolta vikingen? Vart tog hon vägen? Nyckeln till Sveriges frihet ligger i att hitta den inneboende kraften. Att hitta tillbaka till den modiga vikingen. Att återupprätta vår sanna koppling till naturen, den som ligger så stark i Norden. Svenskarna är ett av de mest sekulära folken i världen när det kommer till traditionell religion. Men när det kommer till naturen, årstidernas växlingar, det skiftande vädret, vårt otroligt vackra land - då blir svensken som religiös. Det är samma förundran varje vår, de första blåsipporna, när löven spricker, när flyttfåglarna dyker upp, den första snön faller... vi blir som pånyttfödda och hänryckningen

---

4 https://darkstarastrology.com/sweden-2017-astrology/

5 ungefär "dörrmatta, torka av dig här"

att få bo på en så vacker plats blir närmast en religiös upplevelse.

För att kunna hjälpa andra måste man ta hand om sig själv först. Det hör vi varje gång vi flyger, "Sätt på dig syrgasmasken först innan du hjälper ditt barn".

Det är en enorm skillnad mellan att hjälpa människor att lyfta av egen kraft och att göra dem beroende av dig.

Läs på

Alla har ju inte läst allt det jag läst. För att förstå hur jag landat i mina slutsatser vill jag dela med mig av det mest läsvärda, det intressantaste, det som format min syn på Sverige och hur vi kan vända skeppet i rätt riktning igen. Här kommer en rejält bantad lista:

Bloggar och hemsidor

- Merit Wager http://meritwager.nu
- Johan Westerholm http://ledarsidorna.se
- P Jonasson. Ny undersökning om utlänningar och sexualbrott https://pjjonasson.wordpress.com/2017/10/23/ny-undersokning-om-utlanningar-och-sexualbrott/amp/

Böcker

- Paul Collier & Alexander Betts. Refuge: Transforming a Broken Refugee System
- Paul Collier. Exodus - How Migration Is Changing Our World
- Karl-Olov Arnstberg, Gunnar Sandelin. Invandring och mörkläggning: En saklig rapport från en förryckt tid.
- Karl-Olov Arnstberg, Gunnar Sandelin. Invandring och mörkläggning II: fördjupningar och förklaringar.
- Tino Sanandaji. Massutmaning: Ekonomisk politik mot utanförskap och antisocialt beteende
- Magnus Norell. Kalifatets återkomst : orsaker och konsekvenser
- Hanna Gadban. Min Jihad: Jakten på liberal islam
- Hege Storhaug. Landsplågan islam
- Åsne Seierstad. Två systrar: Ett reportage

Seminarier

- Rotary Talks 2016 - Vart är Sverige på väg? Jan Tullberg, Tino Sanandaji, Jens Zander med flera https://youtu.be/QWMICThvFSs

Lite mer om källorna:

Merit Wager

Merit Wager har oförtrutet informerat, år ut och år in... Hon har berättat "miggornas"[6] rop på hjälp. Hur en myndighet som Migrationsverket får fortsätta missköta sitt uppdrag, att man aldrig ifrågasatt deras budget eller agerande, är en total gåta. Men nu börjar folk förstå. Vi är förda bakom ljuset. Tänk om man lyssnat tidigare?

"De kommer från ett land med en kultur som är lika annorlunda vår som solen är annorlunda månen – och så tror man i Sverige att det ska fungera i princip nästan av sig självt. Vilket det visat sig att det inte gör. Att det är så svårt att förstå är obegripligt."

"Jag förstår ibland inte att miggorna och jag fortfarande orkar rapportera från det här totalt vansinniga området som så många vägrar se har havererat sedan mycket länge. Alla, från ministrar till riksdagsledamöter och medier samt företrädare för viktiga organisationer, antingen vägrar se eller vägrar erkänna att det är rena rama Vilda Mellanöstern – eller vad jag ska kalla det – i Sverige vad gäller asylinvandringen. Än mindre ids eller orkar regeringen se till att rensa upp och återupprätta rättsstatliga principer på detta område.

Ofta tackar jag miggorna för deras ihärdiga rapporterande – här finns alla deras texter genom åren att läsa – som de gör med stor noggrannhet och på sin fritid. Den dagen borde komma då de får uppmärksamhet och tack från högre ort för att de berättat hur det ser ut i verkligheten, och för att de avslöjat bedrägerier och oegentligheter och hur lagar och regler kringgås och missbrukas. Som det är idag så kan de i sitt eget land inte ens träda fram i sina egna namn av befogad rädsla för både hat, hot och fysiskt våld. Så illa ställt är det."

"Och ännu en gång önskar jag – som jag gjort i över ett decennium – att svenska journalister i alla medier ska lära sig skillnaderna mellan begreppen asylsökande, flyktingar, ekonomiska och "bättre liv"-migranter och överhuvudtaget använda en korrekt och enhetlig vokabulär när de rapporterar om migrationsfrågor. Det är svårt att förstå att det ska vara så svårt!"

Varför är det nästan aldrig reportage om majoriteten som inte kan ta sig hit? Vad hände med principen kvinnor och barn först? Män som flydde ansågs för inte så länge sedan vara landsförrädare. Nu välkomnas de med öppna armar. Många ensamkommande har lämnat fru och barn i sticket, en majoritet är allt annat än barn och kommer inte heller direkt från krigsområden. Resurserna räcker inte till för vi spenderar pengarna på några få som skulle räckt till

6 migga = utredare på migrationsverket

så mycket mer i närområdena.

Johan Westerholm

Jag började följa betongsossen Johan Westerholm på bloggen *Mitt i Steget*, numera *Ledarsidorna*. Han har troligtvis varit den mest ihärdiga och inflytelserika att få vanligt folk att förstå vad som händer i världen och i Sverige, alltid på ett balanserat och ett kunnigt sätt. Bakgrunden som underrättelseofficer och inom säkerhetsbranschen ger ett unikt perspektiv. Inläggen är en ovärderlig källa till kunskap. På bloggen *Mitt i steget* fick vi följa Johan på uppdrag i förorterna, på *Ledarsidorna* har innehållet fördjupats och expanderat med utförliga artiklar om hur till exempel Socialdemokraternas Tro och Solidaritet bäddat för de mest extrema muslimerna att få inflytande.

Vi får följa med på resor till Libanon[7]:

"Samtalen från Libanon kommer nu åter efter min senaste resa dit. Framför allt det råd jag skulle vidarebefordra till våra politiska ledare men som jag, och många, ryggar för. Jag kommer nu ihåg hur den lille mannen, ministern som överlevt ett tjugo år långt inbördeskrig, spände ögonen i mig och sade":

"Lyd ett råd. Glöm bort det där med rättssäkerhet i några år. Glöm bort det där med mänskliga rättigheter. Ni måste gå in i varje hus och börja uppifrån och ner och rensa. Om ni vill vara snälla så internera dem på obestämd tid tills de begripit hur man uppför sig men har ni möjlighet så kasta ut dem, oavsett vilket öde som väntar dem. Det kommer bespara er eoner av tid och annat lidande. Tror ni oss inte är det ert problem snarare än ni kan ana".

När den stora migrantströmmen kom hösten 2015 var det Johan Westerholm som berättade att det var ingen överraskning att de var på väg, informationen fanns långt innan tillgänglig för regeringen. Kostnaderna för den havererade migrationspolitiken samt överrullningen på kommunerna har dokumenterats, stora skattehöjningar i kombination med bantad samhällsservice är att vänta. Saklig information från en blogg utan presstöd.

P Jonasson

En privatperson som på egen hand samlade statistiken om grova sexualbrott. Undersökningen är ett gensvar på regeringens vägran att ge BRÅ i uppdrag att ta fram officiell, aktuell statistik över utlänningars brottslighet. Den genomfördes under maj - september

---

7 https://ledarsidorna.se/2016/05/ett-rad/

2017 och omfattar drygt fyratusen fällande domar. Gärningsmäns härkomst har kartlagts grundligt genom offentliga uppgifter. Män från MENA[8]-länder är kraftigt överrepresenterade vid överfalls- och gruppvåldtäkter. Inte så konstigt om man kan det minsta lilla om kvinnosynen i deras hemländer.

Paul Collier & Alexander Betts

Böckerna borde verkligen översättas till svenska. Kan varmt rekommenderas som neutral och gedigen forskning om man vill sätta sig in i ämnet migration, krig och de fattigaste i världen. Forskaren Paul Colliers bok *Exodus* belyser migrationen ur flera synvinklar: varför, hur det påverkar landet som lämnas och landet man kommer till, ekonomi och kunskapstransferering, volymer, integration med mera. Hur utbildningsnivåer, kulturskillnader och volymer påverkar hur det går för alla parter. Här finns nycklar till vad man behöver förstå om detta komplexa ämne. Denna bok borde vara obligatorisk läsning för alla som sysslar med migrationsfrågor.

Lyfter vi botten så lyfter hela världen. Svårare än så är det inte.

Om och om igen tänker jag, Sverige begår många av misstagen som bidrar till en nations sönderfall. Har våra politiker ingen analysförmåga eller konsekvensinsikt över huvud taget? Ju fler vi tar emot, ju fler söker sig hit, kurvan går exponentiellt uppåt. Dessutom urholkar vi deras hemländers förmåga att bygga upp sunda samhällen. Önskar att fler läser och förstår. Då skulle vi kunna bygga en bättre värld. Lyfter vi botten så lyfter hela världen. Svårare än så är det inte. Gör om, gör rätt. På plats. Att flytta på problemen löser ingenting, det gör bara saken värre. För alla.

Att som Sverige lägga enorma resurser på några få som söker ett bättre liv är totalt obegripligt när man börjar läsa på. Dagens politik ger smugglarna enorma inkomster som går till att finansiera kriminalitet och terror. De som mest behöver vår hjälp, kvinnor, barn och äldre lämnas åt sitt öde. De allra flesta blir kvar i närområden eller i grannländer. Den bok som bäst tar ett helhetsgrepp kommer från forskarna Alexander Betts och Paul Collier med *Refuge - Transforming a Broken Refugee System*.

Författarna stakar ut vägen att omvandla flyktingpolitik från humanitär nödhjälp till utvecklingsfokus.

Ge en man en fisk, och du matar honom för en dag.

8 Mellanöstern och Nordafrika

Lär en man att fiska, och du matar honom för en livstid.

Det humanitära tillvägagångssättet har varit att tillhandahålla mat för dagen (akut krishantering). Utvecklingsmetoden är att söka långsiktiga lösningar, genom att skapa strukturer som ger försörjning för en livstid. Jag är inte förvånad över att se detta förslag, det speglar vad Paul Colliers livsarbete har handlat om. Hur man lyfter botten och därmed lyfter vi hela mänskligheten.

Den här boken gör det som våra politiker borde ha bett om: en grundlig analys av flyktingsituationen med potentiella alternativ till lösningar tillsammans med en djupgående utvärdering av dessa alternativ, med både huvud och hjärta. Ett återkommande tema i boken är beslut som görs med antingen det huvudlösa hjärtat eller det hjärtlösa huvudet. Författarna gräver i historia, bakgrund, diskuterar olika argument om fri kontra begränsad migration, vilka skyldigheter vi har för våra medmänniskor och hur en annan politik kan bygga upp hemländerna nu och i framtiden.

Jag har läst flera av Paul Colliers tidigare verk (*Exodus: How Migration Is Changing Our World. The Bottom Billion: Why the Poorest Countries Are Failing and What Can Be Done About It. Wars, Guns, and Votes: Democracy in Dangerous Places*.). Jag finner honom fascinerande som forskare, med fokus på de fattigaste av de fattigaste. Hur kan vi lyfta de som befinner sig allra längst ner? Om vi fokuserar på att lyfta dem från botten, lyfter vi hela världen. Colliers texter backas upp av gedigen forskning och väl genomtänkta analyser. Detta är min första bekantskap med medförfattaren Alexander Betts.

Sverige är det land som per capita har tagit in fler asylsökande än någon annan europeisk nation. Ett land som likt Tyskland valde att hjälpa ett fåtal till en hög kostnad, inte bara för skattebetalarna utan även för migranterna själva. För att nå honungsburken måste de riskera liv och lem i skrangliga båtar. Majoriteten av människorna lämnades åt sitt öde i de närliggande områdena.

Forskarna presenterar fyra huvudtrådar:

1) Rätt etiskt fokus är plikten att rädda de som fördrivs från sina hem genom att återupprätta grundläggande behov för ett normalt liv. Det innebär inte en resa till väst för att skapa ett bättre liv.

2) De bästa platserna för tillflyktsort är de som är enkla för de fördrivna att nå, och rika länder bör göra det ekonomiskt möjligt för dessa fristäder att ta emot dem.

3) Det bästa sättet att återställa normaliteten är att flyktingar ska kunna arbeta och barn gå i skola.

4) Det ekonomiska stödet som behövs för tillflykt kan användas för det dubbla syftet att inkubera återhämtningen efter konflikten. Att skapa utvecklingszoner med målet att när krisen är över är det lätt och nära att återvända hem för återuppbyggandet av det egna landet.

Det finns alltid hopp, ingen situation är statisk...

I motsats till många internationella politiska antaganden finns det praktiskt taget inga svaga stater som bör avskrivas permanent. I det tjugoförsta århundradet är det möjligt för alla samhällen att bli rimligt bärkraftiga. Den globala tragedin på 1980-talet var Etiopien, den på 1990-talet var Rwanda: båda blomstrar nu.

År 1999 införde Europeiska unionen gränsbestämmelser utan att ägna en tanke åt de praktiska konsekvenserna för migrationsflödet. Det är uppenbart att ett gränsområde kräver en gemensam extern kraft för att slå vakt om sina gränser. En riktig federal stat som USA har en, men EU antog symbolen för gränslös passage utan den nödvändiga stödorganisationen.

Den europeiska politiken som formats efter den syriska flyktingkatastrofen har krängt mellan det huvudlösa hjärtat och det hjärtlösa huvudet. Panik är inte ett för starkt ord för att beskriva vad som hände: varje steg var en reaktion på de oförutsedda konsekvenserna av tidigare handlingar som visade sig vara felsteg.

Eftersom behovet var internationellt samarbete ligger det främsta ansvaret för misslyckandet med de internationella organen som har till uppgift att koordinera. När flyktingar flydde över Syriens gränser till Turkiet, Jordanien och Libanon blev UNHCR:s svar läger: tillhandahållande av mat och skydd baserat på behoven i slutet av 1940-talet. I Jordanien ignorerades 85 procent av flyktingarna i lägren, i Turkiet var det 90 procent: det flyktingarna önskade var autonomin som kommer från ett jobb.

Lägren ligger ofta i gränsområdena, där flyktingar inte får arbeta och den genomsnittliga längden på vistelsen är nu mer än ett decennium. Det som behövs mest är fristäder där människor kan ha ett liv och arbeta tills hemmiljöerna lugnat ner sig.

De som helt saknades i undsättningen var arabländerna runt gulfen. De var faktiskt överlägset bäst placerade att agera eftersom geografi, kultur och finans var alla positivt anpassade. De kunde ha blivit vad som behövdes: fristäder med jobb, med kapacitet att också finansiera de tre närliggande frizonerna. När de blev testade, sträckte sig generositeten till andra sunniaraber inte långt.

Ett dilemma för alla höginkomstländer är att ett erbjudande om tillflykt till människor från mycket fattigare länder vänder effektivt flyktingar till ekonomiska migranter som attraheras av utsikterna till en stor förbättring av livskvaliteten: inte bara jämfört med de olyckliga omständigheterna att vara flykting, men jämfört med deras tidigare livschanser. Det är uppenbart att detta går långt utöver en räddningstjänst, vilket kräver att livet ska återställas så nära som möjligt tidigare levnadsnivå. Det enda sättet som höginkomstländer kan uppfylla räddningstjänsten utan att överträffa det är om de samarbetar med andra länder för att erbjuda närliggande utvecklingszoner som i stort sett matchar tidigare villkor.

Azraq flyktingläger i Jordanien är ett av de första internationellt planerade och utformade flyktinglägren i världen. Teoretiskt gav den en alltmer självmedveten UNHCR en möjlighet att genomföra allt som de hade lärt sig om fördelarna och nackdelarna med olika former av lägerdesign under sin sextioåriga historia. Och ändå, trots att det från början planerats som ett drömläger, är Azraq en grym plats att bo på. Byggd på en ex-armébas ligger den i ett avläg-set ökenområde, tjugo kilometer från närmaste stad. Azraq trotsar nästan alla grundläggande regler som någonsin lärts ut om stadsplanering.

Förutsägbart röstar folk med sina fötter och skyr flyktinglägren. Över hälften av världens flyktingar bor nu i tätort, och i vissa länder som Jordanien är andelen så hög som 80 procent. Men med detta avstår de formellt bistånd, ibland har de inte ens rätt att arbeta.

Det finns ett alternativ. Det börjar med erkännandet att flyktingar har färdigheter, talanger och ambitioner. De är inte bara passiva föremål att tycka synd om, utan människor begränsade av grymma omständigheter. De behöver inte vara en oundviklig börda, men i stället kan de hjälpa sig själva och sina samhällen - om vi låter dem göra det. Föreställ dig om vi i stället för det humanitära "mat för dagen" skulle kunna tänka oss ett tillvägagångssätt som kan stödja flyktingars självbestämmanderätt och värdighet samtidigt som man ger dem möjlighet att bidra till värdsamhällen och eventuell återuppbyggnad av ursprungslandet. Utvecklingszoner i krisens närområden, där företag samarbetar, skapar jobb, lärarna driver skolor, sjukvårdspersonal får assistans att driva sjukhus. Ett fungerande samhälle som när krisen är över är redo att flytta hem igen.

Karl-Olov Arnstberg, Gunnar Sandelin

Invandring och mörkläggning: En saklig rapport från en förryckt tid. Jag hoppas många fler tar sig tid att läsa denna viktiga bok. Fylld av fakta, saklig och tidvis även humoristisk. Tur det för ämnet är tungt, men boken är förvånansvärt lättläst. Författarna gör ett gediget och grundligt jobb att presentera siffror och konsekvenser av migrationspolitiken. Redan då boken skrevs ringde varningsklockorna högt för den som ville lyssna. Detta var innan den gigantiska strömmen hösten 2015. Det är skrämmande hur verkligheten har gömts för den svenska skattebetalaren. Vi har blivit grundlurade av våra politiker, media och tjänstemän.

Asylaktivister har tillåtits kidnappa debatten och de modiga som vågat prata fakta och siffror har tystats ner eller tigits ihjäl. Det som övergår mitt förstånd är dels varför man tycker det hjälper människor att sätta dem på undantag i förorterna i ett livslångt bidragsberoende och dels varför man tycker andra länders medborgare har mer rätt till vår välfärd än vi som finansierat den.

Boken är fylld av fakta och information som borde ha kommit till oss via media. I stället har agendajournalistiken målat upp en bild som inte stämmer med verkligheten. Det svåra är ju för den som köpt medias bild att ta till sig sanningen.

Invandring och mörkläggning II: fördjupningar och förklaringar. Det är inte ofta man sträckläser en faktabok... välskriven med en uppsjö av insikter. Tidvis humoristisk, tidvis sorglig men mest av allt blir man arg - på våra politiker, på våra tjänstemän och på våra journalister. Jag uppskattade den historiska delen, där vi får följa förloppet från idé till verklighet av den "mångkulturella" ideologin. Varje ämne behandlas var för sig, så man får ett koncentrat av hur varje pusselbit skapade den verklighet vi befinner oss i idag.

Tino Sanandaji

Massutmaning: Ekonomisk politik mot utanförskap och antisocialt beteende. Med knastertorra fakta och akademisk stringens presenterar nationalekonomen Tino Sanandaji de enorma utmaningar Sverige står inför. Han resonerar oss igenom vilka slutsatser man kan dra från statistik och berättar även vad den inte säger. Boken är tidvis tung att läsa med alla referenser, men nödvändiga att ta med... här handlar det inte om att tycka, eller känna, utan att se sanningen i vitögat och ta sig bortom förnekelsens dimmor, att se nyktert på utfallet av politiken.

Tino Sanadaji gör ett enormt arbete att bilda allmänheten i fakta, ekonomi och statistik. Att låtsas att migrationen är lönsam förvärrar bara problemet. Gapet i utbildningsnivå speglas i självförsörjandegraden där utrikes födda ligger på lite över 50 procent och inrikes födda på lite över 80 procent. Så har det sett ut under lång tid. Den tillväxt som skapas i Sverige skapar få jobb, och där behövs högutbildade. Något som diskuterades på *Rotary Talks 2016 Vart är Sverige på väg?*

Magnus Norell

Kalifatets återkomst : orsaker och konsekvenser. Jag träffar på fler och fler vanliga medborgare som sitter och plöjer igenom digra texter om ekonomi, historia, politik, migration, religion och så vidare... som aldrig tidigare engagerat sig i politiken eller samhällsbygget. Den litteratur som jag skulle förvänta mig att politiker och journalister är insatta i - men för få är det - så det blir upp till medborgarna att läsa in sig på för dem helt främmande områden.

En lång inledning till att jag varmt rekommenderar alla svenskar att läsa *Kalifatets återkomst* av Dr Magnus Norell. Vi lever i en tid då det inte fungerar att tro att allt ordnar sig. Världen är mer komplex än någonsin och det finns krafter som vill utplåna allt det vi kämpat för i väst.

Det finns få som kan islam utan och innan som forskaren Magnus Norell. Vår regering välkomnar denna ideologi med öppna armar. Förstår de vad de gör? Vill du veta mer om MENA[9]-länderna och islams historia läs boken *Kalifatets återkomst.*

Hanna Gadban

Min Jihad: Jakten på liberal islam. En bok som borde vara obligatorisk läsning för alla politiker och journalister. Om du vill förstå skillnaden mellan muslimer som kommit hit för att vara fria väster-

---

9 Mellanöstern och Nordafrika

länningar och de som vill införa sharia[10] så kan jag varmt rekommendera Hanna Gadbans berättelse. Boken ger en isande skildring hur svenska staten stöder den allra mest extremistiska tolkningen... medan de liberala muslimerna som vill leva i demokrati och frihet blir åsidosatta. Jag uppskattade speciellt Hannas egen berättelse, resan in i den liberala islam som anpassar sig till västerländska värderingar. En mycket välskriven bok, Hanna behärskar svenska språket väl. Hon kom till Sverige som vuxen från Irak.

Hege Storhaug

Landsplågan islam. Ännu en nödvändig bok för den som vill förstå vår tid. Vi får följa Hege Storhaug in i områden som totalt domineras av den bokstavstrogna Medina-islam; i Frankrike, i Sverige, i England och så förstås i författarens hemland Norge. In i klansamhällen där tiden stått stilla sedan profeten Muhammed levde. Där man skulle kunna tro att man är i mellanöstern och inte i ett modernt land i Europa. Där kvinnor har noll rättigheter och jämställdhet inte ens finns på kartan som begrepp. Där våldet och hederskulturen breder ut sig. Där få behärskar nationens modersmål. Där integration inte är av intresse för imamerna som styr med järnhand med god hjälp av Saudiarabien och Muslimska Brödraskapet. Där liberalt sinnade muslimer har svårare och svårare att värja sig från förtryck och krav på underkastelse[11]. Islam består av ett brett spektrum, från de esoteriska sufimystikerna till liberala muslimer (i boken används begreppet Mecka-muslimer) med västerländska värderingar ända till de bokstavstrogna Medina-muslimerna som vill leva som på Muhammeds tid med sharia och kalifat[12], som står över alla nationer. Strävan och kampen för det nya kalifatet är något vi borde ta på allvar. Att de faktiskt menar vad de säger.

Vi följer även med på resor till Pakistan, i dåtid och nutid. Vi får en inblick i profetens egen historia, hur det började i Mecka med religionen och utvecklades i Medina till en politisk ideologi som speglade Muhammeds egen resa från sökande till krigsherre.

En viktig bok med mycket intressant information. Översättningen haltade lite och ibland lite rörigt med alla fakta, men jag ger den fem stjärnor för att den så sakligt behandlar ett så komplicerat ämne. Hege Storhaug kan sitt ämne, väl.

---

10 sharia är islams lag baserad på Koranen, sunna och haditherna som står över nationernas lagar

11 islam betyder underkastelse

12 kalifat är muslimskt styrda områden där islamisk lag gäller

Vi får även ännu en inblick i politikers oförmåga att förstå - eller är det okunskap - som leder till ännu mer handlingsförlamning eller insatser som gör mer skada än nytta.

Åsne Seierstad

Två systrar: Ett reportage. Här ser man hur lätt andra generationen radikaliseras, på ett sätt som inte skulle hänt i deras hemländer. Mammorna har mentalt aldrig flyttat från Somalia, är hemma varje sommar, och anlitar koranlärare i Norge för att flickorna ska bli giftasdugliga. Det är i de norska moskéerna som flickorna kläcker projektet att bege sig till kriget i Syrien och bli fruar till IS-soldater. Hade familjen fått hjälp i Somalia och inte lockats till Skandinavien hade familjen sannolikt inte varit splittrad idag. Att flytta problem löser dem inte.

Schengen

För att återta kontrollen över vårt land måste vi ha kontroll över våra gränser. Annars blir alla åtgärder verkningslösa. Jag är gammal nog att minnas hur det var innan EU och Schengen. Varor och människor passerade gränser, man behövde visa upp dokument eller pass, det var ingen större obekvämlighet. De som verkligen gynnats av den gränslösa politiken är den organiserade brottsligheten. De kan härja helt fritt och är ute ur landet innan polisen ens är på plats. Den sociala turismen inom EU har ökat lavinartat, Sverige upprätthåller inte ens regeln att EU medborgare har rätt att vistas i annat EU land i tre månader om de kan försörja sig eller har jobb. När jag växte upp stod det *Bettleri förbjudet* i alla portuppgångar. Tiggeriet är många gånger förknippat med människohandel och kriminalitet.

Välfärdskontraktet, där vi betalar skyhöga skatter för trygghet, kunskap, hälsa och omsorg håller inte för att andra länders medborgare ska ta del av den, som om vi vore en bankomat för hela världen. Schengen infördes utan en tanke på att stärka den yttre EU-gränsen. Har man väl passerat den är det fritt fram att nå drömlandet Sverige där bidragen flödar och ingen ställer några krav.

Alltså, steg nummer ett. Gå ur Schengen. Återinför gränspolisen.

Identitet

Vi har ingen aning hur många eller vilka som vistas i vårt land. Vi har ingen aning om hur många som lever på bidrag här som egentligen bor i landet eller har multipla identiteter i olika länder. Vi är som en honungsmagnet för fusk och bidragsbedrägerier.

Det är häpnadsväckande hur lång tid det tog innan man begränsade antalet pass som kunde hämtas ut, till max tre under en femårsperiod. Under många år var det fritt fram. Pass tappades bort och såldes vidare för människosmuggling. Svenska passmyndigheten reagerade inte när upp till tjugo nya pass utfärdades under kort tid. Mellan 2008 - 2017 försvann en halv miljon svenska pass.[13]

Det borde vara obligatoriskt vid alla myndighetskontakter för att ta del av vårt skattefinansierade samhälle att verifiera identiteten. Ta foto, fingeravtryck och topsa för DNA. Samkör register inom landet och EU. Har man fuskat sig till bidrag, uppehållstillstånd, pass eller medborgarskap dras det in, och man får en enkelresa hem.

---

13 http://thoralf.bloggplatsen.se/2017/02/11/11416038-500-000-borttappade-pass-sedan-2008/

EU

Det många trodde EU skulle vara är långt ifrån vad vi fick. Lastbilschaufförer från Östeuropa har lika usla villkor som förut, men nu tvingas de jobba långt hemifrån. Den svenska transportnäringen, med hög säkerhet och bra anställningsvillkor, har slagits i spillror.

Det svenska jordbruket, med världens bästa djurhållning och minst förgiftade grödor, har fått ge vika för billigare och sämre mat från andra EU-länder. Det behöver bara hicka någonstans i världen, så svälter vi ihjäl. Den svenska självförsörjningsgraden av livsmedel har minskat kraftigt de senaste decennierna och anges i dag till under 50 procent. Att kunna odla vår egen mat är en viktig del i civilförsvaret och säkerhetspolitiken. Vår naturliga självförsörjningsgrad är begränsad, vårt karga land är glesbefolkat på grund av det. Den svenska livsmedelsproduktionen är en av de mest skonsamma för djur och natur.

I stället för att resten av EU anammat våra höga krav på arbetsmiljö, anställningstrygghet och schyssta lönevillkor har många branscher fått det allt sämre. Byggjobbarna som kommer från de fattigare EU-länderna har inte fått det bättre, och svenskarna ser sina tidigare bra jobb urholkas bit för bit.

EU har blivit en byråkratisk koloss som kostar oss miljarder. Det svenska avtalet är en skymf mot oss skattebetalare - vi har sämst villkor i hela EU.

Innan EU fungerade både transporter och resor, det går att återupprätta igen. Den arbetskraft som behövdes länder emellan reglerades och fanns det ett verkligt behov med reko villkor så var det inga problem.

EU tar över mer och mer, nationerna tvingas lyda en överstatlighet som många gånger gör mer skada än nytta. För att återta kontrollen över vårt land måste vi gå ur EU.

Nära och naturligt

Ett sätt att stärka den svenska självförsörjningsgraden av livsmedel och vara skonsam mot naturen är att handla nära och naturligt. Offentlig sektor borde föregå med gott exempel och gynna de lokala producenterna av livsmedel. Oavsett om det är ekologiskt eller modernt producerat i Sverige så slår det med hästlängder den importerade maten. Vi har bättre djurhållning och använder betydligt mindre gift i produktionen än andra länder. Vi proppar inte våra djur fulla med antibiotika. Sund mat, helst tillagad från grunden, håller oss friskare. Halvfabrikat bör undvikas, de ger mindre näring och fler biverkningar.

En av alla otaliga gånger jag åt lunch med pappa på äldreboendet, pratade vi om just halvfabrikat och riktiga köttbullar. Det var strax efter jul. Undersköterskan berättade att hon lagat äkta köttbullar från grunden till sina fyra barn. De tyckte inte om dem. De hade blivit så vana vid industriköttbullarna som serverades i skolan att de inte längre kände igen riktig mat. Näringsfattig mat med alla möjliga tillsatser bygger inte starka barn. Hjärnan och kroppen får inte tillräckligt med energi för att klara skolan. Sjukdomar kan uppstå som inte hade behövt hända om barnen fått riktig föda. Metabola sjukdomar har ökat lavinartat. Moderna läkemedel tillför kroppen ännu fler kemikalier när lösningen kan ligga i att äta nära och naturlig mat.

Boken *Den hemlige kocken: det okända fusket med maten på din tallrik* av Mats-Eric Nilsson var en rejäl väckarklocka för mig. Visst kände jag till att det fanns e-ämnen i maten, men att maten laborerades med i så hög grad hade jag ingen aning om. Vad gör spenat i pinnglass, till exempel. Rökt skinka som aldrig varit i närheten av ett rökeri. Ekologiska tomater på burk med tillsatt konserveringsmedel. Och så vidare... det gäller att vara uppmärksam och läsa på.

En som skrivit mycket om just metabola sjukdomar och vad vi kan göra åt dem är Lars Bern på bloggen *anthropocene.live*. Rätt mat kan göra oss friskare.

Att tänka nära och naturligt bidrar till öppna landskap, en levande landsbygd, bättre kosthållning samt en relation till naturen i vårt närområde. Att importera exotiska frukter är en sak, men det vi kan odla själva här i Norden ska inte behöva guppa över haven från andra sidan jordklotet. Naturligt odlad mat ger oss livskraftig mat, som är optimerad för våra kroppar.

När jag bodde i Frankrike i slutet av 1980-talet var det fortfarande kutym med bageri och närbutik i varje litet samhälle. Oftast odlade man grönsakerna på egen gård, och hönsen hade fått sprätta ute på gården. Smaken var ljuvlig. Efter att ha bott i USA tjugo år så var det himmelskt att botanisera i det lokalproducerade utbudet. Skillnaden blev ännu mer tydlig när jag återvände till USA. Framförallt tomater och kyckling smakade ingenting. Att styra om traditionellt jordbruk till ekologiskt tar cirka fyra år. Det borde finnas stöd för svenska bönder som vill göra det. Naturen är inte ämnad att vara industri. Tänk på svenskt jordbruk som en väsentlig del av allmännyttan, fast i privat regi.

Övergödningen av Östersjön är ett direkt resultat av det industrialiserade jordbruket. Ju mer naturligt vi brukar jorden ju mer i balans kommer vi och slipper använda konstgjorda preparat. Min trädgård är ett litet exempel. När jag köpte huset var jorden stendöd, inte en mask i sikte och fåglarna lyste med sin frånvaro. Det var kalt med gräsmatta och någon enstaka blomma eller buske. Jag planterade perenner, buskar och skuggträd. Jag har använt naturlig gödsel som koskit, eller helst bark som sedan sakta sipprar ner näring och håller fukten, inte vattnat förutom när det är alldeles nyplanterat. Låtit växterna bygga starka och djupa rötter. I början fick jag bladlöss på buskar, läste på om såpavatten men att bästa lösningen är att plantera så något blommar hela säsongen. Det inviterar bi och fjäril och så är det bra att ha lite ängsblommor som drar till sig nyttoinsekter. Simsalabim får man så småningom en trädgård i balans, som inte behöver något gift, kretsloppet sköter sig självt. Nej jag är ingen expert men idag är det ju lätt att söka på nätet och hitta naturliga lösningar.

Behöver vi bli fler

Under senare år har jag läst rätt många kommunala detaljplaner och visioner. Ett återkommande tema är hyllningen till en ökande befolkning. Att nyckeln till framgång är att bli många många fler. Som om tättbefolkade länder som Bangladesh är kioskvältaren inom samhällsplanering i stället för stabila Schweiz[14]. Jag undrar om de räknat på all infrastruktur[15] som måste till? Har de ens tänkt tanken att sjunkande födelsetal i västvärlden är en naturlig utveckling?

Det är svårt att spå, speciellt om framtiden. Men redan nu anar vi ett paradigmskifte. Digitaliseringen och utbyggnaden av fiber gör att vi kan arbeta i stort sett var som helst. Jobben blir mer och mer digitala, den nya arbetsplatsen är mer flexibel och rörlig och inte nödvändigtvis ett stationärt kontor. Via videolänk kan vi medverka i sammanträden från hemmakontoret. Projektarbeten och nätverk blir allt vanligare. Med digitaliseringen gör tekniken jobbet som förr höll många människor sysselsatta i enkla jobb. Automatiseringen gör att jobb försvinner, robotarna tar över och ger oss mer tid till annat. I hemmen är robotgräsklippare och robotdammsugare allt vanligare. Tillväxten skapar få jobb för högutbildade specialister. I stället för att transportera många människor samtidigt är behovet flexibelt och individuellt, till skillnad från när rälsen lades för tågtrafiken på 1800-talet. Omställningen till elbilar går i en rasande fart. Småskalig elproduktion, vattenrening, avlopp med mera är nu möjligt i stället för de storskaliga nät som byggts i i-länderna. Innovationerna som brukas i utvecklingsländerna ger oss nya möjligheter i vårt samhällsbygge. Vi behöver inte längre stora anläggningar med tät bebyggelse. I framtiden kan småorterna bli attraktionskraften för kommunen med god samhällsservice och välskötta

14 cred till nationalekonomen Tino Sanandaji som om och om igen påpekat feltänket med hög befolkningsökning

15 infrastruktur är grundläggande samhällsfunktioner som vägar, järnvägar, elnät, energisystem, telenät, Internet, vatten- och avloppsnät, utbildningsväsen, sjukvård, bebyggelse och fastighetsstruktur

cykelvägar med naturen inpå knuten.

Framtidens bilar kan mycket väl vara självstyrande, tekniken är inom räckhåll att du knappar in transport som behövs, liten personbil eller lasta varor, farkosten kommer susande, du kliver in, knappar in destination, lutar dig tillbaka och vips är du framme. Det är inte science fiction. Att tro att vi kan klara oss utan bilar och lastbilar är befängt. Framtiden ligger på landsbygden med livskvalitet. Då måste man också göra det möjligt att bo och driva företag långt ute i glesbygd. Med dagens och framtidens teknik är det inte bara möjligt utan förmodligen nästa megatrend.

När jobben blir allt färre behövs inte stora barnaskaror som förr, då den lilla gården var helt beroende av många händer att mjölka kor och hässja hö. Så varför är politikerna så fixerade vid att befolkningen måste öka? Vad ska människorna arbeta med? Det vi ser är ett litet behov av högutbildade. Vi borde satsa på att skolorna utbildar i världsklass. Tidigare generationer svenska ingenjörer var eftertraktade världen över, för att de var så gediget kunniga. Ett utmärkt seminarium om Sveriges utvecklingspotential och behov av arbetskraft var Rotary Talks *Vart är Sverige på väg?*[16] Professor Jens Zander berättar om Sveriges tekniska utveckling och digitalisering. Han är teknologie doktor och professor vid Kungliga Tekniska Högskolan, KTH. Eftersom vi är ett högteknologiskt land sker framstegen där. Men tillväxten skapar få jobb, vi behöver några få doktorander med spjutspetskompetens. Eftersom våra skolor inte längre förmår leverera kompetensen måste den importeras från andra länder.

När kvinnor får det bättre, framförallt genom utbildning, sker en automatisk tillbakagång i barnafödandet. Utvecklingen i sig är naturlig och med ett ökat välstånd minskar behovet av många barn.

Min slutsats efter allt jag läst och funderat om detta är att om något, behöver vi bli färre. Låt naturen ha sin gång. Att skattesubventionera barnafödande är inte nödvändigt.

---

16 https://youtu.be/5mHwMS-qQql

Enkla jobb

Enkla jobb är oftast allt annat än enkla. Även de mest basala sysselsättningarna i Sverige kräver att du kan svenska språket och har en grundläggande utbildning. Att till exempel städa kräver kunskap. Eftersom jag nyligen flyttat fick jag uppleva hur fel det kan bli när man tror att ungdomar och nyanlända via arbetsförmedlingens skattesubventionerade jobb ska klara av att flyttstäda. Företaget jag anlitade har tidigare haft gott renommé men nu klarade de inte ens det mest grundläggande. Att städa kräver kunskap. De hade inte fått lära sig vad som ingår i en flyttstädning eller vilka rengöringsmedel som ska användas på olika ytor. Ej heller hur lite skurmedel det behövs, parfymen formligen ångade från golven som uppenbarligen inte heller rentorkats med lite vatten. Teknik för hur man putsar, tvättar, dammsuger, sopar, dammar och torkar rent på ett effektivt och bra sätt visste de inte heller. Utan kunskap kan du inte utföra jobbet. Att städa är allt annat än enkelt.

Politiker nämner gärna jobb i vården som enkla jobb. Vilken värld lever de i? Under tio år följde jag mina föräldrars resa genom hemtjänst och äldreboende, både i kommunal och privat regi. Att jobba med äldre är allt annat än enkelt. Det kräver kunskap och utbildning. Man måste kunna kommunicera både med anhöriga och personen med vårdbehov. Äldre med nedsatt hörsel, dementa eller med olika fysiska begränsningar kan man inte prata med som sina vänner, man behöver anpassa kommunikationen beroende på vem det är man talar med. Det är inget som du bara kan. Utan utbildning med både teori och praktik blir det inte bra. För att sköta äldre krävs grundläggande medicinsk kunskap. Att bemöta en människa inpå livet är inget som du bara vet hur du ska göra. Lägg därtill kulturella skillnader, vi hanterar inte personlig integritet likadant världen över. För att jobba med äldre behöver man kunna svenska traditioner och matkultur. Att invandrare ska ha rätt till boende på sitt eget språk hyllas av politiker, medan den stackars svensken i sitt eget land får svaret att vi kan inte garantera att de som kommer kan kommunicera med dig. Skäms! Det är skamligt att svensken först förväntas betala och stå tillbaka för att sedan bli diskriminerad i sitt eget land.

Jordbruket lyfts ofta fram som ännu ett exempel på enkla jobb. Även på den tiden man mjölkade kor för hand och hässjade hö krävdes kunskap för att vara bonde. Det var allt annat än enkelt. Idag, förutom att kunna djurhållning, spannmål, väder och skördar måste du vara tekniskt kompetent för att klara alla datastyrda maskiner. Du behöver kunna meka själv när dina maskiner behöver hjälp på traven. Med EU kom mycket byråkrati och krångliga blanketter. Att driva företag i Sverige är allt annat än enkelt, skatteregler och andra byråkratiska påhitt är en djungel.

Så nej, jag köper inte tanken om enkla jobb.

Skolan

Efter första världskriget satsade Sverige på industri och utveckling av högre utbildning. Man insåg att ett litet land som Sverige skulle stå sist i kön om det blev krig igen. Flygindustrin med SAAB i spetsen skapade en teknisk utveckling med ingenjörer som var världsledande inom sina områden. Vart tog den andan vägen? Skolan borde uppmuntra och utbilda för de jobb som kommer finnas i framtiden. Vi är ett högteknologiskt land, där utvecklingen är beroende av spjutspetskompetens på doktorandnivå.

Skolan behöver lugn och ro, så att eleverna och lärarna kan fokusera på lärande och kunskap. Stöket måste få ett slut. Här finns mycket att lära från andra länder, till exempel Finland. En kombination av kärnämnen, fysisk aktivitet, utomhusraster och kultur. Av någon anledning har estetiska ämnen inneburit att alla ska lära sig spela fiol, när det viktigaste för de flesta är exponeringen till kultur - att få lyssna på musik, se teater, upptäcka konstens värld genom utställningar och ateljébesök. Endast ett fåtal elever har talangen att bli utövare.

Praktiska yrken som svetsare, rörmokare och handel behöver utbildningar anpassade till de som ska utöva arbetet. Vi måste komma ifrån att alla ska stöpas i samma form och tvingas läsa teoretiska ämnen. Framförallt måste vi komma ifrån statustänket, att vissa yrken smäller högre än andra. Alla har vi talanger. Alla är bra på sitt sätt. Det som jag är lämpad för passar inte nästa. Framförallt måste vi uppmuntra barnen att utbilda sig till yrken det går att leva på. Det är egentligen obegripligt att vi har ett utbildningssystem som inte matchar arbetsmarknadens behov.

En annan favorit bland politikerna är lägre ingångslöner för att få de som står längst ifrån arbetsmarknaden i jobb. Att dumpa lönerna hjälper föga. Gör dem anställningsbara i stället. Något som visat sig vara effektivt är KY-utbildningar, en kombination av studier varvat med praktik på företag. Det krävs ett nära samarbete mellan skolan och näringslivet, och att utbildningarna är anpassade efter vad som behövs.

Visst behöver vi även konstnärer och kulturarbetare, men det är ytterst få som kommer ha möjligheten att leva på sin konst[17]. Man skulle kunna villkora studiestödet till utbildningar som leder till självförsörjning. Ett visst antal platser för de olika grenarna, men om vi behöver läkare och ingenjörer behöver vi fylla de platserna. Man skulle kunna påverka så mycket i skolorna. Förutom kärnämnen borde man lära sig om relationer, hur man känner och uttrycker känslor, om grundläggande hushållsekonomi och sparandets dygd. Vi behöver förstå hur vårt land skapades, vilka principer som ligger till grund för vårt samhälle, det politiska systemet och samhällskontraktet.

---

17 läs gärna min bok Konstriket

NATO

Varför i hela fridens dagar ska Sverige in i NATO? Vi har und-
vikit krig längre än de flesta länder, varför vill nu så många partier
med i krigsmaskineriet?

Hösten 2016 var det riksdagsdebatt[18] om säkerhetspolitiken. Jan
Björklund hade begärt den med anledning av utredningen *Säkerhet
i en ny tid*[19]. Debatten var riktigt bra. Varje partiföreträdare fram-
förde sina åsikter i tur och ordning, sedan fortsatte de varv på varv
på varv i några timmar. Ett ämne i djupdykning ger så mycket mer
än snabba repliker i en hetsjakt på mediala poäng. Den stora frågan
på tapeten var om Sverige skulle ansöka om NATO-medlemskap.
Det är inte en säkerhetspolitisk fråga enligt utredarna, däremot en
politisk. Det handlar alltså om ideologi. Hur tror man världen ser ut
och framförallt hur vill man att världen ska se ut.

Hur man skapar trygghet och fred i världen är ett ämne hur stort
som helst. Människors förmåga att bråka med varandra verkar näst
intill omättligt. Eller kanske inte. Under min terapeutiska resa har
jag upplevt att det som var drama blivit neutralt, när jag väl bear-
betat det. Det som tidigare triggat igång en känslostorm är nu ett
minne som alla andra, det bara finns där. Så personlig utveckling
är kanske en väg till fred. Tekniken har utvecklats i en rasande fart
men vi människor har inte hängt med, vare sig emotionellt eller
andligt.

Ett neutralt Sverige med eget försvar. Samarbete med de andra
nordiska länderna. Mer behövs inte.

---

18 http://www.riksdagen.se/sv/aktuellt/2016/sep/22/aktuell-debatt-om-sveriges-saker-
hetspolitiska-situation/

19 http://www.regeringen.se/contentassets/dc054ef38cde47dabf5aadf63dcab469/
sou-2016_57.pdf

Språk

Nu kommer vi till en av mina käpphästar. Språk. Jag flyttade med familjen till USA efter åttonde klass. Jag blev kvar i trettio år med en mellanlandning i Frankrike på två år när jag var i trettioårsåldern. För tjugo år sedan flyttade jag hem till Sverige. Jag har aldrig haft tolk. Jag har kastat mig in i det nya landet, lärt mig språket, kulturen och sederna. Det är jobbigt i början. Man hänger inte med. Att göra bort sig ingår. Men oj så uppskattat det är, att man försöker. De första stapplande stegen leder vidare och helt plötsligt drömmer man på det nya språket, man kan kommunicera, förstå och bli förstådd.

Svenskar med sitt vikingablod söker sig naturligt till andra länder. Många familjer vill behålla kontakten med det svenska språket eller lära barnen svenska så de klarar sig när det är dags att flytta hem igen. Det går alldeles utmärkt att sköta svenskspråksundervisningen ideellt. Det finns kulturföreningar och eldsjälar runt om i världen som klarar detta galant på egen hand. Utan skattefinansierat stöd.

När man bor i ett annat land måste fokus vara på det landets språk. Det är där man lever, studerar och arbetar. För att bli del av det svenska samhället måste man vara i det.

Att erbjuda tolk och hemspråksundervisning hämmar anpassningen till det svenska samhället. Det är också ett slöseri med skattepengar. Framförallt blir det stödhjul som stjälper mer än hjälper.

Det finns så mycket man kan göra för att göra språkresan enklare. Man kan läsa barnböcker, spela spel, se på filmer och TV. Man kan gå med i föreningar, studiecirklar, gå på föredrag och kulturella evenemang. Att träffa folk och göra bort sig är en del av resan. Jag häpnar över alla pengar som strösslas över invandrarföreningar och integrationsprojekt som gör det ännu svårare för invandrarna att bli en del av vår gemenskap. Om de aldrig tar del av majoritetssamhällets aktiviteter blir de heller aldrig en del av den.

Alla har inte språköra. En del snappar lätt upp uttal och ord, andra behöver mer tid och kanske aldrig riktigt får det där flytet som är så nödvändigt för att kunna fungera i ett samhälle. Grundläggande utbildning spelar förstås stor roll, även hur olika modersmålet och alfabetet är från ditt eget. Lägg till kulturella skillnader, som är betydligt större än våra politiker vill förstå, så kan det vara näst intill omöjligt att anamma det nya språket. För analfabeter kan det ta en termin att bara lära sig alfabetet.

Till skillnad från vad våra politiker hävdade var det bara någon procent som var läkare och ingenjörer i den stora migrationsströmmen. Syrien är inte ett högutbildat land. Många som kommit är analfabeter eller har på sin höjd gått koranskola. De har inte en chans på vår arbetsmarknad. Utbildningar ser inte likadana ut länder emellan. Lagar och standardnivå, verktyg och lösningar skiljer sig åt världen över. Sjukdomar, läkemedel och förväntningar är inte homogena runt om i världen. Ekonomiska förutsättningar spelar roll, likaså den tekniska utvecklingen samt graden av välfärd i landet. Språk är svårt för många. I stort sett alla yrken har en nationalistisk profil, saker du måste kunna, lagar att förhålla dig till.

Nu har jag bara flyttat inom väst, men både engelskan och franskan var jag bekväm med efter 1 1/2 - 2 år. Jag kände att jag kunde uttrycka mig flytande samt klarade den grundläggande grammatiken och språkstrukturen. Uttal är otroligt viktigt. Min fransklärare drillade mig om och om igen, jag spelade in, och till sist hörde jag skillnaden. Jo det var jobbigt, men så tacksam, när jag börjar prata får jag än idag höra "vous parlez très bien français madame[20]" och alla dörrar öppnas. Det tar ytterligare några år att verkligen behärska språket på alla sätt och vis. Men har man bott 20 år i vårt land och lever som i hemlandet med sitt eget språk och sin egen kultur kan man lika gärna åka hem.

Sverige har några erkända minoriteter som har rätt till sitt eget språk. Att man har nyheter och program via public service på deras språk är en sak. Allt annat ska vara på svenska. Sanslöst att vi har myndigheter och ambassader som gör reklam på diverse språk hur du tar del av vår välfärd. Att man basunerar ut vad våra skattebetalare "bjuder på" är stötande. Utbildningar, körkort och så vidare ska endast ske på svenska. Förr var det rikssvenska som gällde för public service, så borde det vara igen. Det underlättar för den som försöker lära sig språket, att få höra och läsa korrekt svenska.

Som det nu är tillhandahålls tolk i parti och minut, och vi uppmuntras att integrera oss i det nya Sverige, lära oss invandrarnas

---

20 "ni talar mycket bra franska"

språk. Men ursäkta, hur många språk ska jag lära mig, medan de som är gäster i vårt land inte behöver lära sig svenska? Måste alla gå runt med tolk för att kunna kommunicera? Babels torn inkarnerad. Tossiga idéer har vi gott om från folk som inte klarar den enklaste konsekvensanalys.

Värdighet

Något jag saknar i myndigheters hantering av människor, vare sig det handlar om migranter eller arbetslösa, sjukskrivna eller äldre, är värdighet. Om och om igen behandlar man människor som om de vore mindre vetande och mindre kapabla. Det saknas en värdighet när människor manglas igenom system som är allt annat än humana.

Mantrat "allas lika värde" rabblas utan att någon kan förklara vad man egentligen menar. Att det är en felöversättning av dignity, värdighet, är det få som förstått.

Värdighet handlar om att respektera medborgarna. Att införa en grundlagsändring utan att informera eller fråga väljarna borde inte vara möjligt. Men det har de gjort. 2010[21] bestämde sju partier att Sverige ska vara ett multikulturellt samhälle. Samtidigt passade de på att skriva in EU-medlemskapet i grundlagen, vilket gör det svårare att gå ur med #swexit. Även hur statsministerposten tillsätts gjorde det än svårare för en minoritetsregering. Dags att återställa grundlagen och ställa ansvariga politiker till svars.

Värdighet handlar även om rätten att få uttrycka sina åsikter. De grundlagsändringar som föreslås skulle inskränka yttrandefriheten. Vi ser redan rejäla inskränkningar i sociala medier där censuren är ett faktum. När folk började fatta vad Reinfeldts uppgörelse med MP handlade om, blev det locket på, här ska det inte diskuteras fakta om invandringen. Lokaltidningen gick så långt att de startade kampanjen *Alla får plats* och delade ut knappar på lokala företag. Allt för att få tyst på folk. De som vågade säga något förlorade jobb, den politiska sakdebatten saknades helt, förutom från SD vid valet 2014. Det viskades. Så började folk läsa på.

För egen del brast det när en hel buss migranter vägrade kliva av bussen[22] i Jämtland, i mammas hemkommun. Jag kunde höra henne i himlen säga betydligt skarpare ord än jag delade på Facebook:

---

21 https://www.svt.se/nyheter/inrikes/ny-grundlag-historiskt-beslut-utan-debatt
22 https://sverigesradio.se/sida/artikel.aspx?programid=78&artikel=6058506

"Fattar inte att de har mage att ställa krav. Sverige är det mest generösa landet de kan komma till och det duger inte? Men de har väl fattat att vi inte får ifrågasätta migrationspolitiken... att man inte får prata om pengar när människor flyr. Men när det gäller våra fattigpensionärer, arbetslösa ungdomar, grannar på Fas3, sjukvården med mera så finns det inga pengar. Det är väl för sjutton våra egna vi ska värna om i första hand?"

Reaktionerna uteblev inte, många som höll med, många som anklagade mig för sunkiga åsikter. Men det mest intressanta, var alla som inte kommenterade offentligt. Alla de som hörde av sig privat, via mail, via telefon och personligen: tack för att du delar och vågar säga som det är. Men jag vågar inte visa var jag står offentligt, för mitt jobb eller min familj. Det gav mig styrka att fortsätta dela, sakligt innehåll med fakta och analyser. Information som public service och dagspressen borde levererat, men som endast var tillgänglig via alternativa medier, bloggar och böcker. Någonstans där vaknade fröet till denna bok. Jag har behövt en hel del tid att bearbeta känslorna, att våga ta steget till skrivandet. Så tacksam att det äntligen lossnat.

Vi saknar fortfarande en sansad debatt, men det håller på att lossna. För att kunna bemöta påståenden någon läst i DN eller sett på SVT, blev jag tvungen att läsa på, kunna förklara. Ibland blev följdfrågorna riktigt intressanta. Ja vad kan man säga, kunskap är makt. När man kan diskutera sakfrågor utan att behöva hålla med varandra uppstår dialog. Det behöver vi.

Den sociala biten med locket på har varit jobbig. Det har varit svårare för dem av oss som läst på och förstått. Att om och om igen mötas av vinklingarna som MSM[23] indoktrinerar med är jobbigt, framförallt om man är den enda i rummet som faktiskt läst partiernas politiska program. Diskussionerna blir naturligtvis enklare på tu man hand. Man får välja sina duster, ibland vill man bara ha trevligt, äta och dricka gott.

---

23 Main Stream Media består av traditionell media som public service och dagspressen

Tillfällig hjälp är inte livstids försörjning

Jag vet inte när begreppet asyl övergick till att innebära ett livslångt åtagande för svenska folket. Asyl är tillfälligt skydd, inte en garanti för livslång försörjning för hela släkten. Kriser och krig går över. Länder som varit helt förlorade kan tio år senare vara blomstrande ekonomier. Forskarna är rörande överens. Bästa sättet att hjälpa människor är på plats eller i närområdet. Förutom tak över huvudet och mat för dagen behöver de kunna arbeta, ha tillgång till skola och sjukvård. När krisen bedarrat återvänder man och hjälper till att bygga upp sitt hemland. Att det ska vara så svårt att förstå sunt förnuft, eller enkel ekonomisk och humanitär analys. Kan man åka hem på semester har skyddsbehovet upphört.

Vi hjälper inte människor genom att förpassa dem till invandrartäta områden utan framtidsutsikter och med livslångt bidragsberoende, där svarthandeln och kriminaliteten får härja fritt.

Sverige skulle behöva ett totalt invandringsstopp förutom högkvalificerad arbetskraft. Samt en genomgång av alla beviljade PUT[24], TUT[25] och medborgarskap. Kan man språket, är skötsam och är självförsörjande kan tillstånd ges att stanna. Annars är det återvandring som gäller. Vilket är effektivt endast om Sverige har kontroll över sina gränser.

---

24 permanent uppehållstillstånd
25 tidsbegänsat uppehållstillstånd

Asylindustrin

Jag undrar hur många människor som helt eller delvis får sin inkomst på grund av migrationen. Allt finansierat via skatten. Vi betalar. Alla gode män, extratjänster på kommuner, asyladvokater, HVB hem, hemspråkslärare, tolkar, arbetsförmedlingen, socialkontoret, försäkringskassan...

Självförsörjningsgraden når aldrig upp till samma nivå som inrikes födda. Migrationen är inte lönsam. Minns så väl Moderaternas stämma när Hanif Bali var migrationspolitisk talesperson. Han förklarade så tydligt att alla borde kunna fatta. Det är ett utbildningsgap som gör att så få utrikes födda kommer i jobb. Alltför många saknar grundläggande skolgång. De saknar gymnasiekompetens. Förvånansvärt många är analfabeter, de har inte en chans i vårt samhälle.

Nyligen släppte Expertgruppen för Studier i Offentlig ekonomi rapporten *2018:3 Tid för integration – en ESO-rapport om flyktingars bakgrund och arbetsmarknadsetablering*[26]. Forskaren Joakim Ruist undersöker hur det har gått för olika flyktinggrupper på den svenska arbetsmarknaden sedan början av 1980-talet fram till den stora vågen 2015. Enkelt sammanfattat kostar varje flykting i genomsnitt 74 000 kronor per år. Då har man inte ens tittat på anhöriginvandringen, vilken torde vara ännu mera kostsam. De som lätt fick jobb i industrin tidigare har även de slagits ut av teknikens framfart. Utan grundläggande gymnasiekompetens är svensk arbetsmarknad utom räckhåll, både för inrikes och utrikes födda.

Enkelt sammanfattat kostar varje flykting i genomsnitt 74 000 kronor per år. Då har man inte ens tittat på anhöriginvandringen, vilken torde vara ännu mera kostsam.

---

26 https://eso.expertgrupp.se/rapporter/tid-for-integration/

Importerade problem

Många av dagens problem som hedersvåld, könsstympning, barnäktenskap, bacha bazi[27], taharrush[28], taqiyya[29], månggifte, tvångsäktenskap, gruppvåldtäkter och gängkriminalitet är importerade problem. Dessa problem tar större och större anspråk på de offentliga debatterna och våra gemensamma resurser. Det jag inser mer och mer är att för väldigt många blev livet sämre av att flytta till en helt annan kultur. Framförallt kvinnorna blir mer utsatta och mer isolerade än om de stannat kvar i sina närområden. I stället för att reformera på hemmaplan radikaliseras andra generationen här. Medan demokratiseringen går framåt i hemländerna, skickar Skandinavien flest krigare till IS. Det är helt fel ekvation. Sveriges politik gör fredsprocessen svårare. Dags att tänka om och välja en annan väg.

När den kulturella skillnaden är stor, är det naturligt att man tyr sig ännu mera till sin egen grundkultur. Det blir ett för stort kliv att gå från heltäckt muslimsk kvinna till fri svensk i barärmat som kan röra sig fritt i samhället utan manlig eskort. De starka som kliver fram hade klarat sig bra även i hemlandet. Men för den stora massan har vi egentligen inte hjälpt dem, förpassade till förorter med usla framtidsutsikter. De flesta har inte Zlatans drivkraft. Att leva på bidrag i utanförskap är inte ett värdigt liv.

Jag välkomnar Collier och Betts idé om utvecklingszoner i närområden. Under den stora migrantströmmen 2015 erbjöd sig en affärsman att köpa en grekisk ö för just flyktingar. Varför inte en mellanlandningszon där människor kan jobba, gå i skola, få tillgång till sjukvård, där man förbereds för återflytt. Man lär sig hur man bygger upp landet igen, när krigsherrarna väl fått nog.

Man löser inga problem genom att flytta på dem. Nu har vi all

---

27 afghansk sed där unga, framförallt fattiga, pojkar utnyttjas sexuellt av äldre män

28 arabiska för sexuella ofredanden av kvinnor på offentlig plats där grupper av män omringar kvinnan

29 muslimer får ljuga för att främja islam

världens konflikter här, på våra gator och torg, på våra sjukhus och i våra skolor. De som behövde vår hjälp, fick de den?

Godnatt turist-Sverige

Ju mer vårt land liknar Vilda Västern, ju mindre attraktivt blir det för turister att vistas i vårt land. När gängkriminaliteten tar över och trygga platser blir otrygga. När pensionärer rånas på öppen gata mitt på dagen. När sjukvården inte fungerar. När man kan bli våldtagen om man går ut i skogen, eller hem från krogen. När tilliten försvinner. När kvinnor ofredas på offentliga platser. När samhällskontraktet inte fungerar.

Då uteblir turisterna. De åker till trevligare och tryggare ställen. De förväntar sig Bullerbyn och Astrid Lindgrens värld och hamnar i något helt annat. Turistindustrin tar tid att bygga upp men går fort att rasera. En besökare som blivit rånad på reskassan eller husbilen berättar om mardrömmen och vips finns inte turist-Sverige längre. Företagen som betalade skatt går i konkurs. Då finns ännu mindre pengar till det gemensamma. Hur ska vi klara oss då? Hur har ni tänkt, ni som skapat detta? Nej, det enda man kan gaffla om är att man inte vill prata med SD. För Guds skull, kliv ur sandlådan och ta ett vuxet ansvar.

Idyllen som försvann

Jag växte upp i ett tryggt och lugnt samhälle. Sverige var på den tiden homogent. Jag var tio år gammal innan jag såg en mörkhyad person. Det var i Köpenhamn. "Titta, en neger," utropade jag. På sistone har jag funderat en hel del på hur olika generationer uppfattar sin omgivning. Hur världen omkring oss förändras på gott och ont. Jag gick i femte klass när familjen köpte sin första TV. Jag minns när pappa kom hem med första bilen, en rostig väl begagnad DKW. Skatterna var skyhöga, och även om pappa var civilingenjör och chef för aerodynamiken på SAAB så fick familjen vända på varenda krona. Mormor kom ner och sydde om kläder. Festmat var kyckling på söndagarna. I föräldrarnas vänkrets fanns äldre barn, deras kläder fick vi ärva. Jag såg fram emot klädkassarna som kom med något nytt att ta på sig.

Mamma var hemmafru. Jag slapp växa upp på dagis och det är jag oerhört tacksam för. Jag är introvert, behöver mycket tid för mig själv och blir oerhört störd av att ha folk för tätt inpå mig. För några år sen drog en väninna med mig till Starbucks, hon gillade att sitta på café med sin bärbara dator och jobba. Jag blev bara störd av allt sorl och folk som passerade förbi. Väninnan, som är extrovert, blev däremot lugn och jobbade på som bara den.

Livet gick i en långsammare takt, dels för att folk inte hade råd, dels för att det var så det var. När hästintresset vaknade bönade och bad jag att få ta ridlektioner. Till sist säger mamma, "du kan inte både dansa balett och rida, vi har inte råd". Oj, tänkte jag, får jag välja? Så det blev ridning. En sommar fick jag åka på ridläger, vilken upplevelse. När jag kom hem pratade jag non stop tills jag somnade över middagen. Jag till och med pryade i stallet, nu heter det visst prao.

Mina föräldrar härstammade båda två från Jämtland, pappa föddes i Lit och mamma i Brunflo. Farmor hade varit föreståndare för banken innan hon gifte sig. Men som gift fick hon inte ha den positionen, så farfar tog över hennes jobb. Mamma växte upp med två familjer. Hennes biologiska mamma fick tuberkulos (TBC) efter att ha fött fyra barn på fem år. Hon var andra frun till min morfar. Första frun hade dött i barnsäng delvis för att läkaren varit full. Med tre styvdöttrar och fyra egna barn att sköta är det inte så konstigt att mormor inte orkade. Hon hamnade på sanatorium och mamma och min yngsta moster blev placerade i fosterfamiljer. Mamma hos ett barnlöst par, fostermamman kom från en storbondefamilj så det blev ett friskt liv ute på landet med mat på bordet. Min moster och gudmor, mormors första barn, berättade att de alltid tänkte att mamma fick det bra, som kunde äta sig mätt. Så var det inte för den stora syskonskaran som blev hemma. Morfar försörjde familjen som rättare på en gård och senare cyklade han runt på landsbygden som symaskinsförsäljare. Det här är alltså för knappt hundra år sen. Då var Sverige fattigt, i alla fall för vanligt folk.

Så småningom återförenades familjen, mamma och yngsta mostern fick komma hem till familjen som då flyttat till Umeå. Då var de i trettonårsåldern. Att upprotas från familjen sätter sina spår.

Landet jag växte upp i var en idyll på många sätt. Det rådde fred i världen, landsbygden var verkligen som Bullerbyn i Astrid Lindgrens värld. Det fanns gott om jobb och livet andades optimism och framåtanda. Industrierna gick bra och livet ljusnade för de flesta. Däremot levde man väldigt enkelt. Det som idag tas för givet med utlandssemestrar, köpa hus och blåsa ut för att bygga nytt, att handla på kredit - det existerade inte. Vi bodde i hyreslägenhet och bostadsbrist var det redan då.

Vi flyttade när jag gick i tredje klass, till en sunkig lägenhet mitt i stan. Med gasspis som mamma var livrädd för. Morfar kom ner och målade och tapetserade. Då blev det fint. Så fick vi äntligen ny elspis och mamma drog en lättnadens suck. Som de flesta andra levde vi enkla liv. Man hade helt enkelt inte råd med så mycket mer. Att gå ut och äta var för dyrt, man umgicks hemma, och det var mycket husmanskost. Billigt, bra och nyttigt.

Om somrarna hyrdes det torp och vi fick uppleva det bästa av naturen. Min bror hjälpte mamma med fotogenkök och senare gasolkök. Det var utedass och kattvätt som gällde. För oss barn var det himmelskt att vara så nära naturen. Den kärleken består än, och var den primära drivkraften för mig att flytta tillbaka till Sverige. Under en period hyrde vi på en bondgård och bodde i gamla gårdshuset. Det fanns kossor, kalvar, höns, grisar och till och med en häst. De odlade havre och vete och vi barn hade hur kul som helst när vi lekte på höskullen. Det plockades bär och frukt och saftades och syltades.

Tidigt 1960-tal skaffades det husvagn. På vintern åkte vi till Tandådalen där Caravan Club hade en liten camping. Vi skottade snö runt husvagnen och lade tidningspapper på golvet för att isolera mot kylan. Fotogenkaminen såg till att det blev någorlunda varmt.

Vi hade det knapert men var vi fattiga? Skatterna tog ju det mesta så i det hänseendet var det nog sant. Jämfört med andra länder hade vi det relativt bra.

Jag har alltid hört att Sverige var ett fattigt land och det var tack vare socialdemokraterna som landet blev rikt. Moderaterna hävdar att invandringen lyfte välståndet. Enligt Tino Sanandaji, nationalekonomen som skrivit boken *Massutmaning*, har både Socialdemokraterna och Moderaterna fel:

"1938 var Sverige världens nionde rikaste land av de cirka 60 för vilket det finns estimat. BNP per capita var något högre än till och med snittet i Västeuropa, Sverige var knappast "ett av världens fattigaste länder". Före andra världskriget var invandrares befolkningsandel enligt SCB ungefär en procent. Sverige industrialiserades i en period med mycket lite invandring och var redan ett av världens rikaste länder innan invandringen tog fart."

Bomber och granater

När Åsne Seierstad rapporterade från Bagdad under Irakkriget stod hon så nära, iklädd skyddsväst och hjälm, att man både kunde se och höra hur kriget formligen exploderade runt henne. När SVT basunerar ut "de flyr för sina liv" målar de upp en bild likt den Åsne Seierstad befann sig i. Men stämmer den bilden med verkligheten? I alla krig så finns det aktiva krigszoner och säkrare delar av landet. Det är ju inte så att civilbefolkningen försvinner och det bara blir militärer kvar. Under andra världskriget, till exempel, så var civilbefolkningen och motståndsrörelsen väsentliga för krigets utgång. Hade de alla lämnat sina länder så hade utgången varit en helt annan.

Nu är det ju otroligt länge sedan Sverige aktivt deltog i ett krig. Men tänk dig själv att någon skulle få för sig att bomba vårt land, till exempel för att få kontroll över alla våra naturresurser. Hur skulle vi som folk agera? Skulle vi stanna kvar och försvara vårt land? Skulle vi be om hjälp från våra nordiska grannar? Skulle vi fly till Norge eller Saudiarabien? Skulle vi skicka kvinnor, små barn och äldre i säkerhet? Eller skulle vi skicka iväg de unga männen i stället?

Nu vet man ju aldrig hur man själv skulle agera innan man ställs inför valet i verkliga livet. Men att fundera hypotetiskt aktiverar våra tankegångar, får oss att fundera några varv på valen vi måste ta ställning till.

Den andra sidan av myntet är hur man hjälper människor som hamnar mitt i krig och konflikter. Att som Sverige lägga enorma resurser på några få som söker ett bättre liv är totalt obegripligt när man börjar läsa på. Dagens politik ger smugglarna enorma inkomster som går till att finansiera kriminalitet och terror. De som mest behöver vår hjälp, kvinnor, barn och äldre lämnas åt sitt öde. De allra flesta blir kvar i närområden eller i grannländer.

När jag flyttade tillbaka till Sverige 1998 efter trettiotvå år utomlands, var det inte för politikens skull. Jag var helt enkelt inte intresserad. Jag vet inte vad som väckte mina tankar. Kanske var det

bokskrivandet, behovet av att förstå, utforskandet och upptäckts-
färden. Kanske var det egna företagandet, nödvändigheten att sätta
sig in i alla skatter och hur den samhälleliga strukturen fungerar.
Kanske var det de tio åren då föräldrarna och jag tog en djupdyk-
ning i svensk äldrevård. Eller så var det den bedrövliga nivån på de-
batten, där sakfrågor lyste med sin frånvaro medans epiteten stod
som spön i backen.

När någon gång på gång vägrar ta debatten, då blir jag nyfiken.
När någon gång på gång anklagar den andre för att vara fientlig i
alla dess former, då blir jag nyfiken. När någon gång på gång mob-
bar demokratiskt valda företrädare, då blir jag nyfiken. Vad är det
som de inte vill att vi ska veta?

Jag gjorde som så många andra. Jag sökte upp partiernas hemsi-
dor, läste och funderade. Vad har de för politik? Vad värnar de om?
Hur vill de förändra och förbättra? Vem bryr sig om lag och ord-
ning? Vem bryr sig om landsbygden? Vem bryr sig om kvinnofrid?
Vem bryr sig om våra hemlösa och våra fattigpensionärer? Vem
bryr sig om företagen och de anställdas villkor? Vem målar upp en
bild av ett Sverige jag vill leva i?

Länge åkte känslorna berg- och dalbana. Jag ville fly men vart
ska jag ta vägen? Det här är mitt land, men alltför många driver på
för att det inte ska vara det. Politiker som Mona Sahlin och Fredrik
Reinfeldt som säger att landet tillhör invandrarna, inte svenska fol-
ket. Att vi är barbarer, vi har ingen kultur och vågar man säga vad
man tycker haglar epiteten rasist, nazist, fascist. Folk förlorar jobb
och vänner för att de har "fel" åsikter. Elefanten i rummet växer,
man tiger ihjäl böcker och bloggar som berättar sanningen, som
vågar presentera fakta om sakernas tillstånd. Kriminaliteten här-
jar, våldtäkterna står som spön i backen och sjuklöverns besatthet
med Sverigedemokraterna bara växer och växer. Problemen sopas
under mattan och ingenting händer. Den ena inkompetensen efter
den andra avslöjas och man fortsätter och mala på som om ingen-
ting hänt i PK[30] media.

Jag tänker på alla modiga människor som sökt en fristad i vårt
land. Som ville bo i ett tryggt och demokratiskt land. Där kvinno-
frid råder. Där religiösa förtryck för länge sedan förpassats till his-
torien. Där korruption, hot och våld tillhörde det förflutna. Som
nu får löpa gatlopp för att de förgäves försökt få någon att lyssna.
Som varnat och varnat. För hedersförtryck. För radikala muslimer.
För kulturella skillnader. För allt det de lämnat som nu ohämmat

---

30 politiskt korrekt

breder ut sig i vårt land. Jag vet inte vem som sveket är värst för. De skötsamma invandrarna eller vi svenskar. Oavsett så sviker regeringen, media och myndigheter. Etablissemanget, det offentliga Sverige som via naivitet, okunskap, attityden "om jag blundar går det över" eller "bara jag slår dövörat" till så löser det sig nog.

Nu står vi där. Med folk som på allvar menar att vi ska integreras i det nya Sverige. Lära oss arabiska, anamma deras seder, täcka oss som sedesamma kvinnor, acceptera kvinnoförtrycket, våldtäkterna och kriminaliteten. I helvete heller!

När sent omsider SVT vaknar och rapporterar om den galopperande våldtäktsstatistiken och förvirrat frågar varför så många ärenden läggs ner. Hur kommer det sig att polisen inte klarar av att utreda? Jo det är för att resurserna går till att klara upp gängmorden. Som flera sansade tanter replikerat "men låt dem skjuta ihjäl varandra, så är det problemet löst! Det är väl för sjutton viktigare att kvinnofriden återställs!" Men vad kan man förvänta sig av en polischef[31] vars största bidrag till musikkulturen är låten *Knulla i Bangkok*.

---

31 Dan Eliasson, dåvarande polischefen med ett förflutet i punk, är numera chef för MSB, Myndigheten för samhällsskydd och beredskap

En fredskår

President Kennedy grundade den amerikanska fredskåren *Peace Corps* 1961. Tanken är att voluntärer på gräsrotsnivå bidrar till att lyfta andra länders utvecklingsmöjligheter. Fokus ligger på länder i tredje världen. Jag känner flera som varit med. Arbetet är givande och ger både vänner för livet och insikter om kulturella skillnader såväl som en tillfredsställande känsla att ha bidragit till en bättre värld. I stället för bistånd ger man lokalbefolkningen nycklar och verktyg att själva förbättra sina liv. Det handlar mycket om att lära ut det man kan från väst, men också om att anpassa till lokala förhållanden. Tänk om Sverige skulle införa en fredskår? Det skulle kunna vara en del av samhällsservice när man är ung. En del gör värnplikt, en del gör fredskår utomlands, en del bidrar till samhället på hemmaplan. Jag tror det är bra med medborgartjänst.

Jag läser hur biståndsbudgeten nu är uppe i hisnande 50 miljarder kronor och den är så omfattande att man tappat kontrollen över vart pengarna tagit vägen. Bistånd är mestadels ineffektivt, korruptionen suger upp pengaflödet och en försvinnande liten del hamnar där den kan göra någon nytta för de som verkligen behöver ett lyft. En liten fredskår skulle vara betydligt mer effektiv och kosta en bråkdel. Det utgår ingen lön under de två år man är volontär, däremot en liten summa för att täcka extra kostnader. Boende är samma standard som lokalbefolkningen och ofta börjar vistelsen i familj. Ett bra sätt att komma nära människorna, kulturen, sederna och språket.

Vi skulle kunna skicka erfarna terapeuter och lärare, som kan lära ut hur man bearbetar och läker trauma. Så länge vi går omkring med oläkta sår, är vi en tickande bomb, som fortsätter att skydda traumat med än mer våld och krig. Den terapeutiska resan är kanske just den lösning världen behöver, där vi läker djupt inom oss själva och på så vis släpper sorgen, ilskan, skammen, sveket och så småningom hamnar i försoning och förlåtelse.[32]

---

32 läs gärna mina böcker Våga Leva och Secrets of Transformation

Att ställa krav

När jag jobbade i Frankrike i slutet av 1980-talet, var det inte fritt fram för vårt amerikanska företag att skicka vem de ville att arbeta och bo där. Det var minimikrav på lön, och den måste betalas ut i franc. För att få uppehållstillstånd måste vi skriva på att vi lovade att lämna landet när projektet var slutfört. Tiderna har förändrats. Men jag tycker det var bra. Att man värnade om sin egen befolkning, som trots allt kan landets förutsättningar och regler bäst.

När familjen flyttade till USA 1967 var det en krånglig process att ens få tillstånd att flytta in i landet. Att pappa blev erbjuden jobb var bara början. Sedan kom alla papper att fylla i, lova på heder och samvete att man inte var kriminell, ämnade störta staten, var kommunist, prostituerad, homosexuell, att man ämnade uppföra sig och inte ligga samhället till last. Läkarundersökningar ingick förstås. Likaså fingeravtryck.

Så har det varit ända sedan Ellis Island. Där sorterade man bort vissa sjukdomar. De som upptäcktes med ett kriminellt förflutet skickades hem igen. Att det var indianernas land var det ingen som tänkte på.

Att bli amerikansk medborgare är en krävande process. Man måste först ha bott i landet med permanent uppehållstillstånd i minst fem år. Själva ansökan är ungefär samma frågor som för att få flytta dit. Foto och fingeravtryck igen. Man måste kunna amerikansk historia, författningen och alla tillägg. Ungefär samma kurs man läste i High School. Vi gick en extra termin på Community College, jag för att repetera, resten av det vuxna svenskgänget för att klara provet. Det säger sig självt att man måste behärska det engelska språket. Till förhöret, som sköts av en domare, tar man med sig vittnen, två stycken amerikanska medborgare, som känner den sökande och kan intyga att man är skötsam och uppfyller kraven att bli medborgare. Man kallas in individuellt till domaren, får ett antal frågor om historia eller författningen. Jag minns än idag frågan jag inte kunde. Vad var Teddy Roosevelt berömd för? Rätt svar *The Rough Riders.* Resten klarade jag galant. Jag känner en enorm stolthet över mitt amerikanska medborgarskap. Det är ett privilegium.

På den tiden kunde man inte ha dubbelt medborgarskap. Svenska passet kom tillbaka makulerat med hål som en schweizerost. Då hade jag inte en tanke att jag någonsin skulle flytta tillbaka till Sverige. Den hemlängtan väcktes när jag jobbade i Frankrike. Så jag började mitt återinträde i Sverige med att söka PUT, invandrade i mitt eget land 1998. Tidigt 2000-tal ändrades lagen och jag kunde ansöka om att få tillbaka det svenska medborgarskapet. Enkel procedur, men själva överlämnandet lämnar mycket att önska. Som att hämta ut vilket papper som helst, ingen högtidlighet, inget välkommen åter. Att tilldelas ett medborgarskap är en stor sak och borde vara ett högtidligt tillfälle.

Efter att ha flyttat runt i världen tror jag ännu mer på hårda krav för medborgarskap. Man ska vara skötsam och vara en tillgång för landet. Man ska behärska språket och kunna landets historia. Förstå dess grundpelare och hur landet fungerar. Ett av de viktigaste privilegierna är att få rösta, det ska vara förbehållet landets medborgare. Jag tror också att det behövs betydligt längre tid i landet, innan man har rätt att söka. Nu är det fem år, ser en hel del förslag på tio. Det är nog mera rimligt.

Tiggeri

När jag växte upp fanns en skylt i varje trappuppgång *Bettleri förbjudet*. Varför man tog bort tiggeriförbudet är mig en gåta, visserligen hade det försvunnit helt från våra gator och torg, men sen öppnade EU-länderna sina gränser. Det tog ett tag, men sen vips var de där. Medan mina föräldrar levde var jag regelbundet i Linköping. Från att tidigare inte ha sett en enda tiggare fanns de plötsligt vid varenda affär. Som om övernatt alla hittat till samma plats, men organiserat sig så de inte trängdes vid samma köpcenter. Organiserat? Högst sannolikt.

Jag läser många deckare, och har speciellt uppskattat Arne Dahls Opcop-serie som utforskar hur kriminella utnyttjar Europas öppna gränser. "Öppnare gränser har förändrat Europas brottslighet. Därför startas Opcop, en ny och än så länge hemlig operativ enhet inom Europol." Fascinerande läsning, och just tredje boken *Blindbock* handlade om det organiserade tiggeriet, där en maffialiknande organisation idkade människohandel och slaveri i modern tappning.

Timingen kunde inte ha varit mer träffande. Precis när jag läst boken, så dyker tiggarna upp över en natt. Mestadels kommer de från Rumänien och Bulgarien. De flesta blir utnyttjade och lever under miserabla förhållanden medan tiggarbossarna bygger lyxvillor på hemmaplan. I kölvattnet kommer kriminalitet, trafficking, droghandel och prostitution. Tiggeriet gynnar inte de mest utsatta, de får det i stället värre. Det här är ett importerat problem som inte är Sveriges att lösa.

EU har satt av medel till Rumänien och Bulgarien för att lyfta de fattigaste, just för att stävja tiggeriet. Men pengarna nyttjas inte, det är enklare att låta befolkningen sprida sig över Europa. Nu har många förstått att vill man hjälpa är det bättre att skicka pengar till skolor och daghem i Rumänien direkt, då gör de mer nytta.

En medborgare i ett EU/EES-land har endast rätt att vistas i ett annat EU/EES-land i tre månader. Därefter är de skyldiga att kunna uppvisa att de kan försörja sig själva samt att de omfattas av en heltäckande sjukförsäkring. Åker du till andra EU-länder håller de koll på hur länge du varit i landet. Efter tre månader måste du gå till polisen och betala för id-kort. Men i Sverige låter man folk stanna hur länge som helst, betalar ut socialbidrag, låter barn gå i skola och bjuder på nästintill gratis sjukvård. Allt på den svenska skattebetalarens bekostnad.

Det är en ohållbar ekvation, att vara hela världens socialbyrå. Det är en lockfaktor. Det är klart att människor söker sig till ett bättre liv. I Sverige delar man ut förmåner som godis, men kräver ingenting tillbaka. Det måste få ett stopp. Utan kontroll över våra gränser kommer det bara bli värre och värre. Men man skulle ju kunna börja med att efterleva de regler som finns.

Kvinnofrid

Kvinnor fick allmän rösträtt 1919, det är bara hundra år sedan. Framstegen för kvinnor, att välja själv, att göra karriär, att vara ekonomiskt oberoende var inte alltid självklart. Att ta för givet att så ska förbli, när man bjuder in all världens kulturer att etablera sig i Sverige, är naivt. Alla kulturer är inte lika. Lika självklart som det är för oss att få röra oss fritt och klä oss hur vi vill, lika självklart är det för männen från MENA[33]-länderna att se oss som oanständiga och utan manligt beskydd. Förstår man inte de djupa klyftorna kulturer emellan kan man heller inte hantera kulturkrockarna. Alltför många väljer att blunda. Man anammar inte svenska seder och tankesätt bara för att man korsar gränsen in i vårt land. Ju större den kulturella klyftan är ju mer sannolikt att den medfödda kulturen får ett starkare fäste.

Man brukar skämta om att ingen svensk är så svensk som en utlandssvensk. Det ligger mycket i det. När man är borta är de svenska traditionerna ett sätt att hantera hemlängtan. Hamnar man i ett land som går stick i stäv med allt man någonsin lärt sig om hur män och kvinnor förhåller sig till varandra är det inte konstigt att problemen blir värre. Man håller ännu hårdare på döttrarnas heder. Man håller ännu hårdare på de konservativa värderingarna. Det är ett sätt att känna sig hemma fast man inte är det.

Så ingen borde bli förvånad när invandrarkvinnor inte arbetar utan förblir hemmafruar. Här får de till och med betalt för att föda så många barn som möjligt. De som vill bryta sig ut får knappt stöd från dagens feminister som tycker det är häftigt att bära slöja, som totalt aningslöst stöder ett kvinnoförtryck utan dess like. Man förminskar problemen, relativiserar.

När gruppvåldtäkter kommer på tal, som tidigare var ett totalt okänt problem i Sverige, offras svenska flickor på mångkulturens altare. Alla studier om grov sexuell brottslighet visar en tydlig överrepresentation av män från MENA-länder som förövare. Enligt de-

---

33 Mellanöstern och Nordafrika, klansamhällen som också till stor del är muslimska

ras synsätt är frigående kvinnor icke ärbara, de rör sig utan manligt beskydd och får skylla sig själva. Det är kvinnor man kan behandla hur som helst med förakt. Det hänsynslösa våldet är också något de bär med sig från sin del av världen. Där sätter man sig inte ner och resonerar lugnt, nej man tar till våld för att markera. Om nödvändigt tar man hjälp av hela klanen, även för småsaker som vi inte fattar varför helt plötsligt femtio personer dyker upp.

Starka berättelser

Jag har alltid haft en förkärlek till memoarer och biografier, gärna om pionjärer som Carl Jung[34], Golda Meir[35], Václav Havel[36], Benazir Bhutto[37] för att nämna några få. Att läsa om livsöden hjälper oss att förstå världen och mänskligheten. Senast läste jag två starka berättelser av somaliska kvinnor, *En fri röst* av Ayaan Hirsi Ali och *En blomma i Afrikas öken* av Waris Dirie.

En fri röst är en stark berättelse om en stark kvinna, som sannolikt skulle påverkat och engagerat även om hon stannat kvar i Somalia. Det finns så många lager... allt eftersom familjen flyttar runt; till Saudiarabien - där islam är hårdare men de inte tillämpar könsstympning, det är en afrikansk tradition, till Etiopien där pappan är i landsflykt, till Kenya där muslimska brödraskapet finansierat av Saudiolja får större och större inflytande.

Jag fascineras av Ayaans egen resa in i religionen, sökandet efter den egna vägen, sökandet efter att förstå, ifrågasättandet och det slutliga svaret, som inte på något sätt är givet.

Hennes tid i Holland beskriver så väl västvärldens naiva inställning till andra kulturer och religioner. För de starka som Ayaan går det oftast bra, men för de flesta är västvärlden så främmande att segregationen blir mer påtaglig med bidragsberoende och en flykt in i ett separat samhälle.

Problem från andra delar av världen blir helt plötsligt västvärldens att hantera: hedersvåld, balkongflickor, barnäktenskap, könsstympning, tvångsäktenskap med mera. Kvinnorna blir ännu mer utsatta i ett främmande land.

---

34 Carl Jung fördjupade förståelsen för människans psyke och var en av de mest betydande för utvecklingen av psykiatrin och analytisk psykologi. En av mina favoritböcker, all time, är Memories Dreams Reflections, en delvis självbiografisk bok av och om Jung

35 Israels premiärminister 1969 - 1974

36 Tjeckoslovakiens första president efter murens fall 1989

37 Pakistans premiärminister 1988 - 1990 och 1993 - 1996, den första kvinnliga regeringschefen i ett muslimskt land i modern tid

Ja det går bra för Ayaan, hon blir politiker i Holland, men är rätt-fram om "fredens religion" - att islam är allt annat än just det. Att kritisera islam gör man inte ostraffat, hon tvingas leva under högsta säkerhetsskydd.

När Waris beskriver den totala könsstympningen vid fem års ål-der, med rostigt rakblad och utan bedövning för att bli näst intill totalt ihopsydd skär det djupt i hjärtat. Herregud vilket övergrepp. När hon senare i livet blir goodwill-ambassadör för FN tar hon upp kampen för alla världens kvinnor, att denna sed måste få ett slut. Men hon observerar:

"Faktum är att antalet flickor som stympas växer i stället för att minska. Det stora antal afrikaner som har emigrerat till Europa och USA har tagit sedvänjan med sig."

Berättelsen spänner sig från nomadlivet i Somalia, där kärleken till naturen och djuren lyser starkt igenom, blandat med det tota-litära klansamhället där flickor inte har något att säga till om. Hon vägrar acceptera sin lott och rymmer, resan tar henne ut i världen. Efter många år av hårt arbete landar hon i modebranschen, först i London, sedan i New York. Berättelsen är personlig och utlämnan-de, den lämnar en inte oberörd. Jag har tidigare sett filmen *Desert Flower* några gånger, mycket sevärd. Vi behöver förstå att resten av världen inte fungerar som vår egen lilla vrå.

Tanken som infinner sig, är om vi hjälpt på plats, med möjlighet till skola, vård och arbete, hade denna vidriga sedvänja inte expor-terats och växt över hela världen. Jag tror dessa starka kvinnor varit en enorm tillgång i sitt hemland, om vi bara gett dem chansen.

Faktum är att antalet flickor som stympas växer i stället för att minska. Det stora antal afrikaner som har emigrerat till Europa och USA har tagit sedvän-jan med sig.

Problemen blir alltså värre, i stället för bättre, med dagens mi-grationspolitik.

Kvinnans roll förändras

När jag bestämde mig för att studera till civilingenjör var det mycket få kvinnor i yrket i USA. Första terminen på University of Washington i Seattle var det lätt att hitta de andra kvinnorna i min årskurs, vi var bara 8 stycken av 400. Inom maskinteknik var jag alltid den enda kvinnan i klassen. Nemas problemas. Men när det väl var tid att söka sommarjobb blev det mer komplicerat. Jag var ännu inte medborgare och Boeing hade sin värsta nedgång någonsin, de få jobb jag kunde söka krävde medborgarskap. Så jag fortsatte plugga även sommarterminerna. Det här var förändringens tider, att anställa kvinnor var inte lika självklart som det är nu. Men antidiskrimineringslagarna ändrades, så företagen blev tvungna att skärpa sig. Där jag fick jobb hade man bara några år tidigare kunnat säga "vi anställer inte kvinnliga ingenjörer, punkt". Jag var första kvinnliga ingenjören de anställt. Innan jag anlände höll chefen ett brandtal: när Eva kommer ska hon behandlas precis som alla andra nyutexaminerade ingenjörer, få samma typ av arbetsuppgifter och ges samma möjligheter. Hon har precis samma utbildning och förutsättningar som de manliga kollegorna. Det fungerade jättebra.

Men innan jag landade i pappersindustrin sökte jag andra jobb. Bland annat Aramco sökte ingenjörer till Saudiarabien. Det var ett uppvaknande. Nej vi kan inte skicka dig dit, de kommer vägra arbeta med en kvinna. Om du vore gift skulle vi kunna anställa din man (ja om han är ingenjör förstås). Varför då undrade jag i min okunskap. Islam styr samhället och så är det där. Det har inte förändrats, islam är fortfarande fast i 600-talet.

För det mesta gick det bra, men visst stötte man på förundran ibland. När jag blev chef för ingenjörerna ingick även det tekniska ansvaret för yankeecylindrarna och jag åkte på konferens med representanter från våra fabriker runt om i världen. Vid ankomstminglet fick jag frågan från spanska kollegan "vems fru är du?". Svaret förvånade honom men han repade sig snabbt.

Ett av mina projekt tog mig till England för att inspektera en ny inloppslåda. Vår fabrik på västkusten hade alltid haft bra relationer med de engelska fabrikerna, med både tekniskt och produktionskunskapsutbyte. Så självklart ville tekniska chefen för hela brittiska koncernen träffa mig. En skotte. Han lär ha sagt "it's a bloody woman!!!" men när vi väl träffades hade vi hur trevligt som helst med besök på fabriken i sjödistriktet.

Kvinnors framsteg och förändrade roller innebär också en förändring för mannen. I Sverige har man fokuserat mer på att skapa jämställdhet i hemmet, nu är det lika naturligt att männen lagar mat och städar och är hemma med barnen. I USA var det mera ett val för kvinnan, satsa på karriär eller hemmet, och det kom från gräsrotsnivå, vi kvinnor drev på förändringen. I Sverige var det mer toppstyrt, man i stort sett tvingade kvinnor ut i arbetslivet. När jag intervjuades för jobb sent 1990-tal innan jag flyttade tillbaka till Sverige förundrades jag över att kvinnorna inte satt på chefsroller i tung industri. Jag fick mer än en gång höra, nej kvinnorna sitter kvar vid ritbordet, vi kan inte tänka oss att sätta dig som chef (i ett jobb jag redan utfört i USA och Frankrike). Så mycket för det jämställda Sverige.

Något som förvånade mig rejält när jag återvände till Sverige var hur man hanterat det ekonomiska. Gifta par hade delad ekonomi, även fast kvinnan oftast jobbat deltid för att ge mer tid till barnen. Hon förväntades stå för sina egna kostnader och spara till egen pension. Alltför ofta var det mannen som ägde huset, hon stod inte ens med på kontraktet. Jämför detta med USA, där gemensam ekonomi är mer eller mindre kutym. Där man tillsammans bygger upp familjen, där det är självklart att den som tjänar mer bidrar mer och när pensionen kommer delas den lika, även om paret väljer att gå skilda vägar. Svenska kvinnor har några av de uslaste villkoren i västvärlden. Det är häpnadsväckande hur många av dem som är fattigpensionärer, även fast de jobbat och slitit större delen av sina liv. Känns mer än ovärdigt för en välfärdsstat som Sverige, som samtidigt anser sig ha råd att ge bort förmåner som hyresbidrag och bättre pensioner till andra länders medborgare som aldrig bidragit till att bygga upp vårt land.

I Frankrike ser man tre vägar för kvinnor att gå. Hemmafru, karriär eller älskarinna. Ja det är ett annat samhälle med en helt annan rakhet om sexualitet. Ingen förväntar sig att du ska vara alla tre. Alla valen har lika status, det ligger inget finare eller bättre att välja det ena eller det andra, eller det tredje.

För att kvinnor ska ges möjlighet att välja finns det en sak som är viktigare än något annat. Grundläggande skola. Det är vad Malala Yousafzai[38] från Pakistan kämpar för. Hon vågade trotsa talibanerna och fundamentalistisk islam. Hon gick i skolan samt bloggade om framförallt flickornas rätt att ta del av kunskap och fakta. Hon vägrade ge upp när det sköt henne i huvudet, hon fortsätter driva frågan världen runt. När både pojkar och flickor utbildas blir världen bättre och mer upplyst. Det är förmodligen det allra bästa vi kan göra för världsfreden att ge alla barn grundläggande skolgång.

När flyktingar hamnar i närliggande länder tvingas de oftast in i det landets skolsystem, och deras egna lärare blir arbetslösa. Det vore så mycket bättre om de behöll sin egen skolgång medan de väntar på att hemlandets kris går över. Även de mest hopplösa konflikter tar så småningom slut. Då behövs alla krafter för att bygga upp hemlandet. Men barnen har sällan den kunskap de skulle behövt och de hamnar mellan två länder utan fast förankring i något av dem.

---

38 tilldelades Nobels fredspris 2014 "Malala Yousafzay har, trots sin unga ålder, i flera år kämpat för flickors rätt till utbildning och har med sitt exempel visat att också barn och unga kan bidra till att förbättra sin egen situation. Hon har gjort detta under de farligaste förhållanden. Genom sin hjältemodiga kamp har hon blivit en ledande röst för flickors rätt till utbildning." https://sverigesradio.se/sida/artikel.aspx?programid=83&artikel=5987755

Isbrytare

Att vara först på bollen ger sällan erkännande. De som kommer efter skördar och får äntligen gehör för vad isbrytaren i sin ensamhet vågade säga, lite som kejsaren har inga kläder. Först när tillräckligt många vaknat går budskapet fram.

För att stävja den växande kriminaliteten kan man inte förlita sig på dialog. Den beror inte på socioekonomiska faktorer, som så många gärna vill tro. Att ge straffrabatt, åldersrabatt, ursäkta svinaktigt beteende och tycka synd om förövare är ett enormt svek mot folket. De som drabbas värst av utanförskapsområdenas laglöshet är de skötsamma invandrarna. Något som Sverigedemokraterna var först med att uppmärksamma. Reste runt och pratade med folk. Nu följer resten av partierna efter. Nu låter alla som SD.

Hur man täpper till kriminaliteten och återupprättar ordning och reda i landet har riksdagsledamoten Kent Ekeroth ihärdigt lagt fram förslag på förslag på förslag. För detta har han fått utstå ett mediedrev utan dess like och tvingats leva med livvaktsskydd. Han var först på bollen. Han var isbrytaren. Påläst, kunnig med en politisk och historisk analysförmåga som är mäkta imponerande[39]. Vi borde hylla varenda isbrytare som vill samhället väl. Som vill värna de skötsamma. Som vill stå upp för kvinnofrid.

Gruppvåldtäkterna som drabbar svenska kvinnor är ett importerat problem. 95,6 procent av överfallsvåldtäkter begås av män med utländsk härkomst enligt Jonassons studie[40] av 4 000 domar. Vi måste skärpa straffen och framförallt ge domarna direktivet att här ska inte daltas, med utvisning direkt som automatisk påföljd.

---

39 ett exempel, sommaren 2009 intervjuas Kent Ekeroth i amerikansk radio och får bland annat frågan om Obamas tal i Kairo där han sträcker ut handen till den muslimska världen: "we mean you no harm, we want to work with you (vi vill er inte illa, vi vill samarbeta med er". Han drar den klockrena parallellen med Chamberlain 1938 "trying to appease those that cannot be appeased (försöker blidka de som inte kan blidkas)" https://youtu.be/qVMTPYWl0-s

40 https://pjjonasson.wordpress.com/2017/10/23/ny-undersokning-om-utlanning-ar-och-sexualbrott/amp/

Hänsynslösa gruppvåldtäkter är som en krigshandling och vårt rättsväsen har en skyldighet att stå upp för våra kvinnor. Via regeringens regleringsbrev kan sittande regering påverka oerhört mycket. De kan mycket väl signalera att nu är det slut med rabatter och att fokus alltid ska ligga på brottsoffrets upprättelse.

De är inte ensamma

Alla samhällen fungerar inte på samma sätt. Vårt välfärdssamhälle där det offentliga tar ansvar är inte detsamma som klansamhällen där familjen och släkten tar hand om de sina och staten ses som en oinbjuden inkräktare. Där man inte litar på staten, frodas den svarta marknaden. Jobbar en släkting på skattemyndigheten kan man slippa betala skatt. Händer det något är det klanen som kräver upprättelse. De blandar inte in polisen.

När ensamkommande landar i Sverige tror man att de står utan hjälp och skydd. Så är inte fallet. De har en hel klan bakom sig. Även om närmaste familjen saknas har resten av släkten ett naturligt ansvar. De hjälper varandra. Det är en självklarhet i klanen, man förlitar sig på släkten. De löser konflikter sinsemellan, klanen är starkt patriarkal med ett givet överhuvud, alltid en man, som styr med järnhand. Så är deras samhälle uppbyggt. Man löser konflikter med våld.

Så när en person lyckas ankra sig i Sverige, väntar klanen på att också få komma hit, ta del av bankomaten Sverige. Att regering efter regering öser pengar över andra länders medborgare medan man skär ner pensioner, äldrevård, sjukvård och så vidare är mer än skamligt. Samtidigt målar man upp en bild av att vi behöver arbetskraft. Jobben blir alltmer högteknologiska, kräver högre utbildning, blir mer digitaliserade, robotiserade och automatiserade. Jobben blir färre. Och detta ska vi lösa med lågutbildade från länder så långt ifrån vår egen kultur du kan komma? Ekvationen går inte ihop.

Lägg till detta att ju större gruppen blir, ju mer segregerade blir de och ju sämre blir det för alla. De som kommit hit, deras hemland, och det nya värdlandet. Migration är gynnsamt i mycket liten skala. Vill du förstå mekanismerna läs Paul Colliers bok *Exodus - How Migration is Changing Our World*. Det som fungerar är att välja ut några av de allra mest begåvade och ge dem universitetsutbildning i väst, för att sedan återvända och hjälpa sitt hemland lyfta.

Ingen är så svensk som en utlandssvensk

När man flyttar till ett annat land, handlar det mestadels om att anpassa sig till det nya, ta till sig nya seder och bruk. Det som gör USA så unik är smältdegeln. Vi må komma från alla världens hörn, men vi är alla amerikaner. Jo man är stolt över sitt arv, man är intresserad av varandras rötter, men framförallt är man enade i den amerikanska andan. Kanske det är medborgarskapskunskapen som befäster och enar folket.

Det är en självklarhet att bli en del av samhället. Förutom två grupper, som på senare tid skapat fler och fler separata samhällen, där viljan inte finns att upptas i den amerikanska smältdegeln. Den ena är latinos, som med sin lobby påbörjade att allt skulle kommuniceras även på spanska. Som i stället för att bli amerikaner förblev latinos, med separata områden, barrios, där du inte klarar dig utan spanskan. Mitt i USA. Den andra är muslimer, ringer man i till exempel Detroit hör man "tryck ett för engelska, två för spanska och tre för arabiska". Likt många muslimer i vårt land har de inget intresse av att vara del av majoritetssamhället, utan kräver att vi ska anpassa oss till deras kultur. Med kvinnoförtryck och sharia och allt vad det innebär.

När vi flyttar så blir saknaden av vad man lämnat starkare. Det är naturligt att vilja laga den mat man är van vid, att fira sina högtider och prata sitt hemspråk. Skillnaden mellan de som blir en del av det nya majoritetssamhället och de som inte blir det är attityd. Tänk dig att du bjuder hem gäster till ditt hem. Den ena anpassar sig efter ditt schema och regler, kanske erbjuder att laga en specialrätt då och då medan den andra klampar in och begär att du ska anpassa sov- och matvanor efter deras krav.

Kort efter vi flyttat till USA föreslog mamma att vi skulle prata svenska hemma, sinsemellan i familjen, för att hålla språket levande. Mamma var den enda i sin syskonskara som fick ta studenten. Hon var bra på språk, grammatik och stavning, löste korsord hela livet och var fyndig i att leka med ord. Vi blev varandras språkpoliser. Det är oerhört lätt att ramla in i "svengelskan" och man gör lätt misstag när man växlar mellan språken. Man uttrycker saker på olika sätt, man kan inte bara översätta orden, hur man säger saker skiljer sig väsentligt. Amerikanare är mer rakt på sak, svensken mer luddig och fransosen kan bli rent av lyrisk, även när denne skriver affärskontrakt.

Mamma var hemmafru. Det var hennes generation. Ungefär när vi flyttade till USA började de svenska väninnorna jobba. Men i USA var fortfarande normen att kvinnorna skötte marktjänsten, välgörenhetsengagemanget och skjutsade barn hitan och ditan. Här någonstans föddes en Moder Svea utan dess like. Bra på organisation med en kärlek för fester blåste hon liv i Svenska kulturförbundet. Det blev Lucia Ball med trehundra gäster där svenskkolonin bidrog med alla maträtter till julbordet (mamma ringde runt, hon var svår att säga nej till), dans till Stan Boresons orkester, Luciatåg och svenska sånger. Under pausen lek runt granen, en av svenskorna lärde sig alla lekar, rätt makalöst att se amerikaner och svenskar skutta runt till *Små grodorna*. När jag firade första midsommar tillbaka i Sverige trettio år senare sa vännen "du kan ju de här lekarna bättre än vi!". Det blev maskerader, ärtsoppsmiddagar, surströmming när någon lyckats smuggla in en burk. När barnbarnen kom blev det Pippi för hela slanten. Snapsvisor amerikaniserades till Hell and Gore.

Mina föräldrar och även min bror engagerade sig i svenskföreningarna, framförallt kulturförbundet men sedermera Svenska klubben där pappa blev president. Mamma var helt lyrisk när SWEA[41] skulle etableras i Seattle, Swedish Women's Educational Association, den största ideella Sverigefrämjande organisationen utanför Sverige med syfte att främja det svenska språket samt sprida svensk kultur och tradition.

Men det finns även en baksida till denna iver. Min amerikanska väninna undrade vad föräldrarna sysslade med söndagen vi träffats för att äta lunch. "De är på svamputflykt med svenska kulturförbundet", svarade jag. Varpå väninnan kommenterar: "Trettio år i USA och de låtsas fortfarande som om de var i Sverige!". Då insåg jag, de hade aldrig släppt hemlandet.

Dilemmat med rötter och multikultur går långt djupare och konsekvenserna kan bli ödesdigra. En av alla böcker jag läst, *Två systrar* av Åsne Seierstad, belyser hur andra generationen i sin rotlöshet hamnar i en ännu starkare och radikalare koppling till hem-

41 http://swea.org

landet och dess seder. Familjen har lyckats ta sig till Norge från Somalia. Pappan har inte asylskäl men håller sig kvar och lyckas till sist landa ett arbetstillstånd, jobbar och lär sig norska och tar dit resten av familjen. Sonen anpassar sig väl och finner sig tillrätta i det norska samhället. Mamman, tillsammans med alla de andra somaliska hemmafruarna oroar sig för hur de ska förbereda döttrarna att bli goda muslimska fruar. De tar med sig barnen hem till Somalia varje sommar. I Norge anlitar de en Koranlärare som ska fostra flickorna. Första generationen har stabila rötter i hemlandet och på många sätt har de lättare att anpassa sig. Andra generationen, de som föds i det nya landet eller kommer som små barn, har det betydligt svårare. Det här är bara en av de otaliga historierna om en ökad radikalisering i andra generationen. Via rotlösheten blir de mer extrema. Typ ingen svensk är så svensk som en utlandssvensk.

Flickorna blir mer än goda muslimer, de blir radikala, börjar klä sig i heltäckande för att inte väcka männens lustar. Koranläraren gjorde sitt jobb lite väl bra. I hemlighet planerar de och rymmer till IS och gifter sig med terrorister. Hade familjen stannat kvar i Somalia hade de troligtvis aldrig radikaliserats. De demokratiska krafter som finns i MENA-länderna jobbar med att föra samhället framåt, och gör framsteg. Medan de som flyttat till väst blir mer extrema och i stället för att bidra till en långsiktig lösning gör det svårare att någonsin nå fred. Om detta har Johan Westerholm rapporterat spaltmeter om på *Ledarsidorna*.

Det är förbluffande att man tillåter andra länder att finansiera moskébyggen i vårt land. Vill man leva som troende muslim finns det gott om länder att välja mellan. I vårt land ska vi inte uppmuntra spridningen av kvinnofientliga ideologier, där kvinnan är mannens ägodel att behandla hur han vill.

Individens kraft

Jag häpnar över alla integrationsprojekt som bara öser pengar till ingenting. Senaste mandatperioden har varit hopplös för kulturarbetare. Vill du inte sysselsätta asylsökande är möjligheterna få att kunna ta del av kulturfinansieringen. Som om de som kommer hit är oförmögna att aktivera sig själva.

Jag skrev nyligen en insändare till lokaltidningen:

"Att bli en del av det svenska samhället. Läser att Ambassadörer Islamiska förening får ett bidrag från kommunen på 60 000 kronor. Obegripligt för mig som bott utomlands en stor del av mitt liv. Det snabbaste sättet att lära sig språk och förstå de oskrivna koderna är att kasta sig in i samhället. Att på egen hand via stapplande språk delta i aktiviteter och gå med i majoritetssamhällets föreningar och kurser. Samtidigt bygger man det sociala nätverket. Att lägga pengar på att befästa en segregerad tillvaro stjälper mer än hjälper... framförallt för kvinnorna. För att bli en del av det svenska samhället måste man vara där."

Det är individens ansvar att delta i vårt samhälle, inte tvärtom. Att hela tiden särbehandla gör mer skada än nytta. Det är som att säga till en vuxen, vi tror inte du kan cykla, så vi sätter stödhjul på din cykel - och vi kommer aldrig att ta av dem. Du behöver inte anpassa dig. Vill du ha tolk får du det, vill du stanna hemma, vill du jobba svart, vill du vara kriminell, ja allt detta får du göra på svenska skattebetalares bekostnad.

Jag är så glad att vi nu har flera partier som pratar återvandring och hjälp i närområden. Att en gång ha fått skydd betyder inte att vi ska försörja en hel klan resten av livet. Hemländerna behöver sitt folk, som nu kan ta med sig allt de lärt sig om vårt sätt att leva.

Egen härd är guld värd

Att äga sin egen bostad betyder mycket. Men varför gör man det så svårt för vanligt folk att spara eller bygga nytt? Det behövs en sparform som inte skattas så att man kan bygga upp en grundplåt, att ha som insats till boende, vidare studier eller när livets kriser uppstår. Att kunna klara sig utan att leva på bidrag borde vara en grundförutsättning för ett bra samhälle. Visst det behöver finnas hjälp vid långtidsarbetslöshet när marknaden strukturerar om, när sjukdomen blir kronisk och så vidare. Men om man är frisk och har jobb borde det vara fullt rimligt att ha råd med egen härd.

Att ha något eget ger trygghet. Man kan odla sin egen täppa, skapa en oas att vistas i, man sköter om det man äger på ett helt annat sätt än när man hyr. Jag har varit hyresvärd, det är en markant skillnad. Framförallt är eget boende ekonomiskt smart, både för individen och för samhället. Äger man sitt hus är man mindre känslig för livets upp och nedgångar, man har alltid tak över huvudet. De som köpt hus i ung ålder och betalat av lånen står skuldfria när pensionen står för dörren. Med låga driftskostnader har de råd att bo kvar när inkomsten sinar.

Fastigheter borde beskattas ytterst sparsamt om över huvud taget. Det är nog den viktigaste sparformen för vanligt folk. Reavinstskatten borde slopas helt. När politiker blir giriga och överskattar fastigheter tvingar man gamla tanter att sälja som inget hellre vill än bo kvar i sitt eget hus. De må äga ett hus men förmögna är de inte.

Skatterna slösas bort

Man skulle kunna skära rejält i de offentliga finanserna utan att påverka de grundläggande samhällsfunktionerna trygghet, kunskap, hälsa och omsorg. Det skulle behövas en liten grupp som ser över alla utgifter med befogenhet att plocka bort det som inte måste skötas av det offentliga. Gärna från näringslivet, där budgeten måste gå ihop och som förstår hur man skär i kostnader utan att påverka resultatet. Det finns ingen självklarhet att våra skatter ska finansiera kulturen. Det skulle kunna finansieras privat och av näringslivet. Det skulle bli mindre politiskt och faktiskt kunna handla om kultur som människor uppskattar - ger dem ett lyft.

Jag har redan nämnt biståndsbudgeten. Det vore en sak om pengarna verkligen gjorde nytta men nu är det inte så. Alla dessa subventionerade jobb, som visar sig vara helt ineffektiva att få människor i arbete. Det är en evig karusell där den arbetssökande väljs bort när bidraget tar slut. Utan fast jobb. Låt marknaden leva fritt. Det kan bli lite kaotiskt innan allt lugnar ner sig, men de som verkligen har något att erbjuda företagen kommer få jobb. Det som skulle hjälpa mest är att skolor och utbildningar är i fas med den arbetsmarknad vi faktiskt har. Vi behöver inte mängder med frisörer och konstnärer, däremot svetsare och ingenjörer, undersköterskor och entreprenörer. Alla har talang för något och det är alltid roligt med självförverkligande, men fokus med utbildning måste ändå vara att bli självförsörjande.

Det strösslas bidrag hit och bidrag dit, projekten kommer i en evig karusell. Nu när det finns crowdfunding[42] kan mycket skötas den vägen utan att dra in våra skattemedel i ekvationen.

Migration och integrationskostnaderna är helt bortom proportion - man prioriterar andra länders medborgare framför svenskar som har byggt landet. Att trängas undan i sitt eget land är ett övergrepp på svenska folket. Vi får hela tiden höra att vi måste ta in mer folk för att klara vården. Men förklara för mig hur ni tänkt. De som

42 gräsrots- eller folkfinansiering

kommer hit har lägre utbildning än svenskar, många klarar inte språket, den medicinska utbildningen och praxis skiljer sig åt (vi är ett högteknologiskt land). Gruppen som kommer hit bidrar med färre vårdpersonal än gruppen som redan finns i landet. Dessutom har de oftast ett större vårdbehov än vi, så de skulle behöva vara en ännu större andel med medicinsk utbildning. Resultatet ser vi, vårdköerna växer och personalen räcker inte till.

Det är oftast offentlig sektor som har svårt att hitta folk. Alltför många utbildade poliser och undersköterskor lämnar yrket. De får helt enkelt bättre lön och arbetsvillkor på annat håll. Med bättre organisationer, bättre lön, bättre arbetsförhållanden och utvecklingsmöjligheter går det alldeles utmärkt att locka tillbaka de som utbildat sig till yrken som nu skriker efter folk.

Många av de som nu kommer till vårt land har levt i klankulturer där man har noll tillit till staten. Där finns heller ingen välfärd utan den hjälp man kan tänkas få är klanens ansvar. Att betala skatt är ingenting man gör frivilligt. Inte så konstigt om den svarta sektorn växer, för så fungerar det i deras hemländer. Det blir mindre och mindre som kommer in för att finansiera det gemensamma. Ekvationen håller inte i längden.

Många av våra skatter är dolda. En vanlig löntagare ser inte den gigantiska summan företaget betalar in i sociala avgifter. Momsen bakas in. Drivmedelsskatten höjs och slår ut landsbygden, men den utgiften läggs på allt. Det finns nästan inget som inte transporteras. I stort sett alla varor blir dyrare. Skatteverket lägger bördan på företagen att samla in de flesta skatterna. På så vis göms det verkliga skattetrycket. Skatt på skatt på skatt, vi har ett av de högsta skattetrycken i världen. Vad får vi för pengarna?

Många gånger när man behöver göra stora förändringar är det bästa att börja om från grunden. Vilka funktioner ska det offentliga stå för? Listan är egentligen inte speciellt lång:

- **Trygghet**: civilförsvar, livsmedelsförsörjning, brandkår, polis, rättsväsen och militär
- **Kunskap**: skola och utbildning
- **Hälsa**: förebyggande insatser samt vård
- **Omsorg**: för de som behöver en stöttande hand eller särskilt boende

Allt utöver det är grädde på moset som inte är nödvändigt att vi finansierar via skattesedeln. Man skulle kunna förenkla så mycket och sänka skatterna rejält. Alternativ för Sverige förespråkar en platt skatt. Samma procent för alla. Bara tiden man sparar in på att jaga avdrag skulle försvinna i ett nafs, redovisningskonsulter och skattekontrollanter skulle kunna syssla med sådant som skapar tillväxt. Vi har otroligt många jobb som förbrukar skatter och alltför få som bidrar till skattkistan.

Att BNP ökar betyder inte nödvändigtvis att det går bra för Sverige. Att alla sängar tagit slut på IKEA betyder inte att man tillfört något till välståndet, betalningen för hela konsumtionen kom direkt från skattkammaren.

Med en slimmad offentlig sektor för det väsentliga med lägre skatter blir det betydligt mer utrymme för privata initiativ. Vill man bidra till återuppbyggnaden av krigshärjade länder har man ekonomiskt utrymme att göra det. Vill man stötta kultursektorn eller idrotten har man mer pengar i plånboken att bidra med. En winwin för alla. I och med att man skär ner på allt extra, kommer resurserna gå till det vi gärna betalar skatt för. Att sjuka får hjälp, att äldre får en bra ålderdom med en pension de kan leva på, att vi får ett tryggt och lugnt samhälle där polis och brandkår har resurser att göra sina jobb.

Med resurserna riktade till väsentligheterna skulle vi kunna bygga nya anläggningar, gärna i lugn och ro på landet, för långvård, för psykiatrin, som vilohem för återhämtning och rehabilitering. Man behöver också se över hur man bäst hanterar människor med stora omsorgsbehov. Med de stora kostnaderna för LSS kan det vara rimligare att återgå till särskilda boenden. Det ger ju också en helt annan gemenskap.

Att BNP per capita sjunker under brinnande högkonjunktur är häpnadsväckande. Noll- och minusräntan är skadlig. Pensionerna urholkas. Sparande missgynnas. När lånen är billiga ökar skuldberget. Den låga räntan håller inte alls ner inflationen. I alla fall mina basvaror har blivit betydligt dyrare. Vi borde uppmuntra till sparande och att leva inom sina tillgångar. Bättre att äga eget bo än att vara belånad upp till taknock.

Kittet i samhället är att vi har något gemensamt, som är värt att ta hand om och förvalta till kommande generationer. Både Reinfeldt och Löfven har prioriterat andra länders medborgare över svenskar, de är lika goda kålsupare båda två. Den senaste mandatperioden har S och MP länsat de statliga bolagen på reserver och kapital, höjt skatterna med 50 - 60 miljarder, dragit ner på samhällsservicen samt lämpat över ansvar på kommuner. Minst 25 procent av äldreboendeplatserna har lagts ner, alltför ofta för att återuppstå som asylboende. Pengarna som skulle gått till krisberedskap, till BB, till poliser, till fler undersköterskor, till skolan, till äldreboendeplatser, till pensioner har gått till människor som i de flesta fall sökt ett bättre liv[43]. Endast 7 procent var flyktingar med autentiska skyddsskäl.

Att kommuner får ersättning från staten för att ta emot migranter betyder inte att just den befolkningsökningen är lönsam. Ersättningen kommer direkt ur skattkistan som du och jag bidragit till. De jobb som Arbetsförmedlingen subventionerar kommer också från våra skatter. Ytterst få, senaste siffran jag såg var 7 procent, fortsätter i arbete efter etableringsfasen och de hade förmodligen fått jobb ändå.

Att vara sysselsatt är inte detsamma som att ha ett jobb som genererar skatter. Att vara sysselsatt en timme i veckan är inte detsamma som att vara självförsörjande. När riksdagsledamoten Staffan Danielsson bad Riksdagens Utredningstjänst om statistik hur lång tid det faktiskt tar innan nyanlända kommer i arbete, blev det fart på debatten. Han konstaterar[44] på sin blogg:

"Länge sade alla att det tog 8 år innan hälften av de nyanlända var i arbete. Någon kritisk granskning av detta har sällan gjorts. (Jag visade i en RUT-rapport att detta avsåg minst en timmes arbete i veckan inklusive projekt- och deltidsarbeten och arbeten med lönebidrag. Det tog egentligen 15 år innan 50 procent hade heltidsarbete inklusive arbeten med lönebidrag[45])."

Det är helt sanslöst att man efter 15 år fortsätter att pumpa in pengar i lönebidrag för att ge människor sysselsättning.

Våra skatter kan användas så mycket bättre. Vi behöver grundläggande service på landsbygden. Att sänka drivmedelsskatten, eller helst ta bort den helt, skulle göra mycket för att hela landet ska kunna leva och driva företag. Glesbygden behöver tillgång till vård, BB, skola, polis, brandkår och livsmedel. Man ska inte behöva köra tio mil för de mest grundläggande behoven. Detta skulle vi ha råd med om vi inte slösade på så mycket annat.

---

43 "Sedan 1980 har drygt 2,3 miljoner människor getts uppehållstillstånd i Sverige. Av dessa har cirka 105 000 varit konventionsflyktingar och cirka 60 000 kvotflyktingar." https://www.aftonbladet.se/debatt/a/J14w6j/sverige-har-skapat-den-evige-invandraren

44 http://staffandanielsson.blogspot.com/2018/06/ylva-johansson-contra-ruistsanandaji-om.html

45 http://staffandanielsson.blogspot.com/2016/05/ny-rut-rapport-59-av-flyktingar-i.html

Företagen är motorn i svensk ekonomi

Privata företag skapar jobb och välstånd. Till skillnad för hur det var under storindustrins guldålder är dagens företag relativt små med få anställda. De är motorn i svensk ekonomi. Vi måste göra det möjligt att både starta och driva företag, utan onödig byråkrati och regelkrångel med en betydligt lättare skattebörda. De flesta skatter samlas in av företagen, och är gömda för löntagaren. De små företagen har inte stora ekonomiska utrymmen att bekosta förmåner hit och dit, eller syssla med annat än företagets väsentliga verksamhet. Löneutrymmet blir heller inte så stort när företaget är litet. Ofta har ägaren med familj satsat allt de äger för att komma igång. De behöver stöd, inte krokben.

Som konstnär och författare driver jag enskild firma med mycket blygsamma intäkter. Ändå är skattedeklarationen och bokförings-kraven lika krångliga som om jag drev ett multinationellt aktiebo-lag. Med färre byråkrater och administratörer i offentlig sektor, som man ibland undrar om de ligger vakna på natten för att hitta på nya krångliga regler, skulle livet för företagarna bli så mycket lättare.

Offentligt anställda kan bara få lön om det kommer in skatter att finansiera deras jobb med. Skatterna uppstår ur de privata före-tagens verksamhet. Därför är det så viktigt att offentlig sektor fak-tiskt sysslar med det som är essensen: trygghet, kunskap, hälsa och omsorg. Förr i tiden gick man samman i byn och betalade läraren. Det är samma princip nu med, fast i större skala. Vördnad för hur skattkistan fylls på efterlyses.

Det borde vara betydligt enklare att driva företag. Det måste vara möjligt att skapa lönsamhet utan att ge sig in på den svarta mark-naden. Det finns oändlig potential för en levande landsbygd, men då måste man göra det möjligt att driva företag på landsbygden. Där finns varken tunnelbana eller de korta cykelsträckorna. Bilen är en nödvändighet. Tänk småskaligt och lokalt. Med bra skola, affär, vårdcentral och polis.

Bidragsentreprenörer, offentligt finansierade jobb, asylindustrin

- inget av detta skapar tillväxt eller genererar mer skatteintäkter än de förbrukar. Att importera arbetskraft på låglönenivå skapar heller ingen riktig tillväxt. Det dumpar lönerna och öppnar för utnyttjande av människor på en ovärdig nivå. Att minst en i familjen har sysselsättning räcker inte. För att vårt samhälle ska gå runt behöver alla vuxna i familjen arbeta. Med riktiga jobb som genererar skatter, där lönen kommer från företagets framgångar och inte våra skatter.

På små orter finns det en uppsjö av uppfinningsrika strävsamma småföretag, ofta med spjutspetskompetens inom sitt verksamhetsområde. Vi är bra på tillverkning i världsklass där precision och kvalitet bygger på en djup kunskap om material och hela tillverkningskedjan. Att växa upp i ett högteknologiskt land ger en grund för att kunna skapa dessa företag. Att nu importera "arbetskraft" som kommer från en helt annan värld, där man lever livet på en betydligt mer basal nivå, bäddar inte för en fortsättning av framgångssagan Sverige. Nyligen startade en hustillverkare i samverkan med arbetsförmedlingen lära-på-jobbet utbildning. Tre svenskar och åttio invandrare sökte. Invandrarna skulle läsa SFI[46] samtidigt som de skulle lära sig hustillverkning, Swedish style. Att lära några få är hanterligt, men att tro att hela denna grupp kommer bli del av den svenska gemenskapen är som att tro på luftslott. Och nej, den stora massan var varken läkare eller ingenjörer.

---

46 Svenska för invandrare

Återvandring

För mig finns det två huvudargument. Den ena är ekonomisk och den andra kulturell. Även om public service och traditionell media gör sitt allra bästa för att normalisera slöja och rasblandning, som om hela Sverige var muslimskt och blonda tjejer alltid väljer Muhammed framför Ove. Rubrik och bildsättning skapar ett narrativ att Sverige är mångkulturellt där allt blandas huller om buller. Men så ser det inte ut. Förorterna där imamer och gäng styr med järnhand vill inte vara en del av Sverige. När journalister[47] gör ett sällsynt besök får de höra "du är inte i Sverige" och jagas bort med hot och våld. När invandrarna flyttar in flyttar svenskarna ut. Politikerna kan inte påtvinga människor sin fantasivärld, och märkligt nog väljer de inte att leva i multikulti själva, med några få undantag. När svenska nationaldagen ska firas tar man gärna in andra länders seder och mat.

Det här är mer än kulturkrock, det är skilda världar som aldrig kommer att mötas. Lägg till att de radikala muslimska ledarnas mål är ett världsomspännande kalifat, där sharialagar råder och alla underkastas islam. Där icke muslimer tvingas betala jizya skatt, eller tvingas konvertera, alternativt dödar de alla otrogna. När de radikala ledarna berättar om sina planer ska vi inte avfärda det som omöjligt. Likt Hitler menar de faktiskt vad de säger. Brigitte Gabriel[48] ger en fantastisk summering av hur den fredliga majoriteten varit totalt irrelevanta för de radikala att utföra sina illdåd världen över, i Tyskland, i Kina, i Ryssland och i Japan[49].

"Den yttersta tragedin är inte de onda människornas brutalitet, utan de goda människornas tystnad"
Martin Luther King

---

47 https://www.svt.se/nyheter/inrikes/hot-och-stenkastning-mot-norska-journalister-1

48 https://www.youtube.com/watch?v=O13oNv7Cjpo

49 https://www.spectator.co.uk/2017/07/the-peaceful-majority-are-irrelevant/

Ekonomiskt är dagens migrationspolitik ett slukhål utan dess like. Vi försörjer mängder med folk som skulle klara sig utmärkt i hemlandet. Kan du åka på semester till hemlandet har skyddsskälen uppenbarligen upphört. Vi har ingen aning om hur många som lever i sina hemländer allt medan bidragen fortsätter att strömma in. Multipla identiteter förekommer alltför ofta där bidragen flödar in på olika konton. Kriminella utvisas inte, utan får sänkta straff och kan fortsätta begå brott i vårt land. Vi kan inte vara hela världens socialbyrå. Det är inte rimligt att alla ska flytta till Sverige. Det löser inga problem. Däremot skapar det enormt mycket nya. När krisen är över ska du åka hem. Begår du brott ska du utvisas, på livstid. Utnyttjar du vår generositet med bidragsfusk ska du åka hem. Är det tryggt nog att åka på semester ska du flytta hem.

Utvisningar ska inte aviseras. Organisationen är under all kritik. Något mer ineffektivt får man leta efter. Det går att samordna utvisningar som ska till samma område. Man måste inte chartra ett helt plan för en person. Vid myndighetskontakt borde det vara krav att infinna sig personligen. Då kan man kontrollera identitet, ta foto, fingeravtryck och DNA. Med samkörda register hittar man lätt multipla identiteter och annat fusk. Tills man vet med säkerhet att individen har rätt att vara kvar i Sverige finns det inget som hindrar att man sätter dem i förvar. För att detta ska fungera måste vi ha gränskontroll, annars blir det en evig svängdörr.

Det borde vara straffbart att obstruera, att smuggla migranter, eller som flera "hjälporganisationer" plockar upp migranter vid Libyens kust och för dem till Europeiska hamnar. Att vara aktivist på jobbet borde vara straffbart. Alla har rätt att engagera sig politiskt och fritt uttrycka sina åsikter. Att däremot använda sin anställning till att driva egen agenda i strid mot lagen eller förelagd arbetsuppgift ska inte tolereras.

Om vi outsourcade kriminalvården till andra länder för de som ska utvisas skulle fängelsevistelsen vara betydligt mer avskräckande och kosta betydligt mindre. Svenska fängelser har en avsevärt högre standard än våra äldreboenden. Det borde vara tvärtom. Tillsätt riktiga chefer på myndigheter. De ska inte vara platser för politisk förvaring.

Det kan mycket väl vara farligare att vistas i en svensk förort än att återvända hem. Rektor Hamid[50] rapporterar på Twitter från Afghanistan, där 35 miljoner människor bor och lever sina liv. Majoriteten blir kvar i hemlandet eller närområden. Det finns alltid

---

50 https://twitter.com/rektorhamid

trygga zoner mitt under brinnande krig. Kriser går över. Då är det dags att åka hem, ta med sig det man lärt sig och bidra till återuppbyggnaden av det egna hemlandet. Alternativ för Sverige har helt rätt[51]. Vi behöver ett återvandringsverk[52].

---

51 https://alternativforsverige.se/atervandring/

52 https://alternativforsverige.se/alternativ-för-sverige-lanserar-återvandringsverket/

Besluten som skapar framtiden

Varje dag fattas beslut av politiker och offentligt anställda. Varje steg, varje val, varje beslut är ett vägskäl, om än så litet, till en ny väg framåt. En del beslut blir bra, andra inte. Tänker man steget längre? Vad kan konsekvenserna bli av vårt beslut? Är det rätt väg att gå? Är detta bästa sättet att använda invånarnas investering i samhället, det vill säga blir det en bra användning av skattepengarna som vi betalat in? Är problemet vi försöker lösa det verkliga problemet, eller sätter vi bara plåster på såret utan att ta itu med den underliggande orsaken? Finns det andra alternativ som skulle vara bättre? Hjälper vi människor att klara sig för stunden eller ger vi dem verktyg att själva skapa sig ett bra liv? Har vi fakta framför oss eller agerar vi utifrån vad vi tror? Har vi satt oss in i helheten och gjort en ordentlig kartläggning eller reagerar vi bara på dagens kris?

Stephen Covey berättar i sin bok *De 7 goda vanorna/Seven Habits Of Highly Effective People* om den stora skillnaden mellan vad vi på svenska kallar "brandmannasymtomet", att springa runt och släcka dagens "eldsvåda", och långsiktig problemlösning där man tänker efter, analyserar och framförallt prioriterar. Man kanske har tio projekt eller problem. Att peta i alla tio är som att springa karusell mellan kriser, det tar aldrig slut. Fokuserar man på tre av problemen och löser dem från grunden så når man resultat. Man skapar verklig förändring. Man för verksamheten eller samhället mot en ljusare framtid.

Idéer kan se väldigt bra ut på pappret. Teoretiskt sett borde detta fungera bra. Men i praktiken händer något, så fort man inför en ny regel, en ändring i maskineriet, så anpassar ju vi människor oss därefter. Det som kändes helt rätt får oanade konsekvenser. Det är helt ok. Det enda sättet man kan ta reda på hur något fungerar i verkligheten är att testa det, sätta lösningen i rörelse. Vad vi ofta glömmer bort är att återkomma lite då och då, göra en utvärdering, blir det här bra eller behöver vi justera vårt tänkande. Det som var en bra lösning för tio år sen kanske blir en katastrof nu. Eller tvärtom. Som människor begår vi många misstag. Det är så vi lär oss. Att stoppa huvudet i sanden och blunda för verkligheten skjuter bara upp och förvärrar problemen. De flesta av oss har väl bläddrat förbi TV-serien Dr Phil, där människor söker hjälp för sina relationsproblem. De får berätta vad de upplever som problemet och hur de hanterat det. Så kommer den klassiska frågan från Dr Phil "and how is that working for you?"[53]. Vi behöver alla stanna upp lite då och då och fråga oss själva hur våra lösningar fungerar i praktiken. Blev det bra? Vill jag ändra på något? Hur skulle jag kunna göra annorlunda?

Men jag tror det finns mycket vi kan göra som individer. Alla beslut vi fattar får ju konsekvenser. När Václav Havel blev Tjeckoslovakiens president efter murens fall var han drivande i beslutet att lägga ner den kemiska vapenindustrin, som hade försörjt hela det sovjetiska blocket. Det var ett modigt beslut. I stället för att tillverka destruktiva kemiska vapen valde de att satsa på traktorer och bilar. Skodas ägare Volkswagen byggde världens modernaste robotstyrda fabriker. Det är en av anledningarna att jag kör Skoda.

Václav Havel är intressant. Jag läste flera böcker av och om honom. Hur blir en oliktänkande dramatiker (dissident playwright) president? Han var med och drev politiska frågor. Det jag minns mest av allt var hans insikt att banta ner frågorna till de mest väsentliga och driva dem. Enbart dem. Och att inte ge sig, inte låta sig förledas in på villospår. Likt en havsvåg som drar sig tillbaka för att på nytt skölja in på stranden. Samma budskap, om och om igen. Det är svårt att stå emot en förändring som drivs på detta sätt. Samma frågor, om och om igen. Samma begäran, om och om igen.

Det här kan ju användas både för att föra samhället framåt eller slunga det långt tillbaka i tiden. Medan tjeckerna drev en linje för mänsklig frihet, ser vi idag muslimernas krav på att återskapa det samhälle de säger sig ha flytt ifrån. Den kvinnosyn som existerar i MENA-länderna har vikingarna i Norden aldrig varit i närheten av.

Att lägga om migrationspolitiken till utvecklingszoner skulle lyfta hela mänskligheten. Det är hjälp på rätt sätt, med ett långsiktigt perspektiv. Att kunna stå på egna ben utvecklar världen. Ett utmärkt område att använda crowdfunding[54] på, inte bidrag. Att strössla hårt förvärvade skattepengar är ineffektivt. Mycket går bort i onödig administration.

---

53 "och hur har det fungerat för dig?"
54 gräsrots- eller folkfinansiering

När friheten försvinner

Jag har alltid fascinerats av människoöden. Något som slog mig för länge sedan är hur många av våra finaste ledare suttit i fängelse eller blivit starkt begränsade av makten. De var obekväma och för att få tyst på dem blev de frihetsberövade. Men effekten blev en annan. Det är som att förtrycket gjorde dem starkare. Att bli inlåst och bara ha sig själv att vara med gjorde ljuset starkare. Ledare som Vaçlav Havel, Benazir Bhutto, Anwar Sadat[55] och Nelson Mandela[56] blev starkare av sina motgångar. Zlatan Ibrahimovic skulle inte blivit den världsstjärna han är om han blivit curlad som barn.

Därmed vill jag säga, det finns hopp för svenska folket. Genom förtrycket och förnekandet av allt svenskt har man bäddat för en ljusrevolution utan dess like. Vi kommer resa oss starkare än vikingarna.

---

55 Egyptens president 1970 – 1981

56 Sydafrikas president 1994 - 1999, den förste som valts med rösträtt för hela befolkningen.

Om författaren

Internationellt yrkesverksam konstnär, författare och terapeut som specialiserat sig på kreativa och terapeutiska processer för inspiration och transformation. Jag har bott större delen av mitt liv utomlands, 30 år i USA och 2 år i Frankrike. Sedan 1998 bosatt i Eksjö. Sommaren 2018 gick flyttlasset till Öland.

Hösten 1990 var jag utbränd. När jag blev friställd våren 1991 började jag studera terapi och personlig utveckling för min egen skull. Jag lärde mig hitta tillbaka till livet och är utbildad av pionjärer inom branschen i USA och Europa. Sammanlagt motsvarar mina studier av alternativa terapier en högskoleexamen i ämnet.

Tidigare arbetade jag med resultatinriktad projektledning och organisationsförändringar där medarbetare fick större inflytande och ansvar. Jag är i grunden civilingenjör. Jag skriver både på engelska och svenska. Mina böcker är en kombination av livsberättelse och fakta, jag använder mitt eget liv som grund. Mestadels skriver jag för att förstå, för att skapa klarhet i mina egna tankar såväl som för läsaren. Jag vill inspirera till ett annat perspektiv.

Det här är min åttonde bok. Varje skrivprojekt har levt sitt eget liv. Första boken sammanfattade allt jag lärt mig om energi i rörelse, det vill säga känslor. Andra boken blev min egen terapeutiska berättelse. I den tredje funderade jag, mestadels om relationer och organisationer. Den fjärde blev en ljudbok, inspelad i nuet, som ett enda långt Eva Party (som Tupperware, fast Eva kommer och berättar om sitt liv, sina böcker, sitt skapande). I den femte uppmuntrade jag till klivet ut i det okända. Den sjätte handlade om mellanrummet, text varvat med konst och den sjunde blev ett utforskande av hur man kan leva på sin konst.

www.evadillner.com

Bokdistribution

I tryck

Mina böcker och almanackor trycks "on-demand", det vill säga vid beställning, av Lightning Source i USA, Storbritannien eller Australien och kan skickas till hela världen. På nätet hittar du mina böcker på AdLibris och andra nätbutiker såsom Amazon och Barnes & Noble. Du kan även be din bokhandlare beställa hem dem. Biblioteken kan naturligtvis beställa från BTJ, Bibliotekstjänst. Rabatterade priser till bokklubbar. Föreningar och organisationer kan beställa direkt från förlaget till F-pris (förlagspris) plus frakt. Print on demand har blivit ett strå vassare med Espresso Book Machine. Boken trycks medan du väntar i butiken eller biblioteket. Alla böcker är inbundna med mjuka pärmar.

Ljudböcker

Jag gick direkt till digital utgivning i mp3/iPod, som sköts alldeles utmärkt av Axiell Media (tidigare Elib AB), som distribuerar till nätbutiker för legal nedladdning och till bibliotekens hemsidor där du som låntagare kan lyssna till streamade ljudböcker. Senaste tillskottet är appen Biblio. Jag får betalt för nätbutikernas försäljning och royalties för biblitekslånen. Mina ljudböcker finns även via Audible och deras partners iTunes och Amazon.

E-böcker

Köp e-böcker i nätbutikerna eller låna via bibliotekens hemsidor. Axiell Media (Elib) står för distributionen och jag får betalt för försäljning samt royalties på lånen. E-böckerna finns i pdf/EPUB. Med introduktionen av iPad finns nu eböckerna på Apple iBooks i EPUB format. Dessutom finns e-böckerna på Amazon's Kindle.

www.ingramcontent.com/pod-product-compliance
Lightning Source LLC
Chambersburg PA
CBHW071246020426
42333CB00015B/1647